21 leader neri ispiratori

Le vite di importanti personaggi influenti del 20° secolo: Martin Luther King Jr., Malcolm X, Bob Marley e altri (libro biografico per ragazzi e adulti)

Da Student Press Books

Tabella dei contenuti

Introduzione

Incontra gli straordinari leader neri del 20° secolo - biografie per ragazzi/e dai 12 anni in su.

Benvenuta/o nella serie dedicata alla Storia dei Neri. Questo volume ti parlerà degli uomini neri che sono stati punti di riferimento del 20° secolo. Questo libro ti presenta le avvincenti biografie di 21 ispiranti leader neri che sono stati pionieri in America, in Africa e in Europa.

Tutti abbiamo sentito parlare di Nelson Mandela e di Martin Luther King, ma quanti conoscono la storia di Steve Biko? Venite a conoscere lui e altri meno conosciuti leader neri del ventesimo secolo in questo libro coinvolgente...

Godetevi questa raccolta di 21 storie affascinanti sulla vita di alcuni degli individui neri più stimolanti del 20° secolo. Se state cercando l'ispirazione o siete semplicemente curiosi, questo libro non vi deluderà.

I più giovani faranno una lettura emozionante e scopriranno il percorso che questi uomini hanno fatto per cambiare vita, carriera ed educarsi superando le avversità lungo la strada. I più grandi, leggendo le difficoltà che questi uomini hanno affrontato, potranno riflettere sulle loro lotte e battaglie.

Questo libro della serie dedicata alla Storia dei Neri comprende:

- Biografie affascinanti - Leggi di icone famose, influenti e motivazionali come Jesse Owens, Patrice Lumumba e Jackie Robinson, così come di pionieri meno conosciuti come Kofi Annan e James Farmer.
- Ritratti vivaci - Fai rivivere questi Leader Neri nella tua immaginazione con l'aiuto di foto e illustrazioni avvincenti.

Sulla serie: La serie Storia dei Neri di Student Press Books presenta nuove prospettive sui Leader Neri che ispireranno i/le giovani lettori/lettrici a considerare il loro posto in una società sempre più diversificata. Chi sarà la tua prossima fonte di ispirazione?

21 Leader Neri ispiratori si spinge ben oltre gli altri libri biografici sull'empowerment nero per evidenziare temi e personaggi da tutto il mondo.

Il tuo regalo

Hai un libro nelle tue mani.

Non è un libro qualsiasi, è un libro della Student Press Books! Scriviamo di eroi neri, donne che danno potere, mitologia, filosofia, storia e altri argomenti interessanti!

Dato che hai comprato un libro, vogliamo che tu ne abbia un altro gratis.

Tutto ciò di cui hai bisogno è un indirizzo e-mail e la possibilità di iscriverti alla nostra newsletter (il che significa che puoi cancellarti in qualsiasi momento).

Allora, cosa stai aspettando? Iscriviti oggi e richiedi il tuo libro gratis all'istante! Tutto quello che devi fare è visitare il link qui sotto e inserire il tuo indirizzo e-mail. Ti verrà inviato il link per scaricare subito la versione PDF del libro in modo da poterlo leggere offline in qualsiasi momento.

E non preoccupatevi - non ci sono fregature o costi nascosti; solo un buon vecchio omaggio da parte nostra qui a Student Press Books.

Visita subito questo link e iscriviti per ricevere la tua copia gratuita di uno dei nostri libri!

Link: https://campsite.bio/studentpressbooks

Benjamin O. Davis Jr. (1912-2002)

Generale e comandante dell'aviazione americana

"I privilegi dell'essere americano appartengono a coloro che sono abbastanza coraggiosi da combattere per essi".

Un tempo, Benjamin Oliver Davis Jr. era l'ufficiale afroamericano più alto in grado nell'esercito degli Stati Uniti. Fu il primo afroamericano a laurearsi a West Point nel 20° secolo, e lo fece con onore, arrivando 35° su 276 della sua classe.

Benjamin Oliver Davis, Jr. è nato a Washington D.C. il 18 dicembre 1912. Figlio di Benjamin Oliver Davis, Sr., il primo generale afroamericano dell'esercito degli Stati Uniti, Benjamin Junior è cresciuto in Alabama e a Cleveland, Ohio.

Davis fu presidente della sua classe al liceo. Il più giovane Davis studiò alla Western Reserve University (ora Case Western Reserve University) in Ohio e all'Università di Chicago in Illinois prima di entrare all'Accademia Militare degli Stati Uniti a West Point, New York, nel 1932.

Benjamin Oliver Davis, Jr. fu rifiutato dal club degli ufficiali durante il suo primo incarico a Fort Benning, in Georgia, ma in seguito comandò il 99° squadrone di caccia interamente nero su richiesta dell'amministrazione Roosevelt. Davis organizzò e guidò il 332° Fighter Group nel 1943. (i Tuskegee Airmen).

Durante la Seconda Guerra Mondiale, Davis volò 60 missioni e fu premiato con la Stella d'Argento. Nel 1944 si guadagnò il grado di colonnello e nel 1954 divenne il primo generale afroamericano nella storia della United States Air Force.

Davis fu promosso tenente generale nel 1965 e fu direttore della sicurezza dell'aviazione civile e assistente segretario per la sicurezza ambientale e gli affari dei consumatori al Dipartimento dei Trasporti. L'ultimo incarico di Davis prima di andare in pensione è stato quello di capo dello staff delle forze degli Stati Uniti in Corea e capo dello staff della Commissione delle Nazioni Unite.

L'autobiografia di Davis fu pubblicata nel 1991. Ha fornito uno sguardo nuovo sulle relazioni razziali nell'esercito degli Stati Uniti. Benjamin Oliver Davis, Jr. morì il 4 luglio 2002 a Washington, D.C.

In evidenza

- Benjamin Oliver Davis, Jr. fu un pilota, ufficiale e amministratore che divenne il primo generale afroamericano dell'aeronautica militare degli Stati Uniti.
- Suo padre, Benjamin O. Davis, Sr., fu il primo afroamericano a diventare generale in qualsiasi ramo dell'esercito americano.
- Alla fine della guerra Davis stesso aveva volato 60 missioni di combattimento ed era stato promosso colonnello.

- Benjamin O. Davis, Jr., americano, la sua autobiografia pubblicata nel 1991, racconta la sua carriera.

Domande di ricerca

---

1. Come ha fatto Benjamin Oliver Davis, Jr. a diventare un ufficiale?
2. Farebbero un fantastico dramma televisivo sulla sua vita, uno spettacolo o una biografia?
3. Qual è il suo film preferito sulla guerra o sul servizio militare?
4. Quali sono alcune idee sbagliate che ha sentito riguardo ai soldati neri dopo la seconda guerra mondiale?

Thurgood Marshall (1908-1993)

Giudice della Corte Suprema degli Stati Uniti

Ognuno di voi, come individuo, deve scegliere i propri obiettivi. Ascoltate gli altri, ma non diventate un seguace cieco. "

L'avvocato statunitense Thurgood Marshall divenne il primo giudice afroamericano della Corte Suprema degli Stati Uniti. Come avvocato e poi come giudice, fu uno schietto sostenitore dei diritti civili.

Marshall è nato a Baltimora, nel Maryland, il 2 luglio 1908. Ha frequentato la Lincoln University e si è laureato primo della sua classe alla scuola di legge della Howard University nel 1933. Iniziò la pratica privata a Baltimora prima di entrare nello staff legale della National Association for the Advancement of Colored People (NAACP) nel 1936, dove si specializzò in casi di diritti civili.

Thurgood Marshall ne divenne l'avvocato capo nel 1938. Dei 32 casi che Marshall sostenne davanti alla Corte Suprema, ne vinse 29. La sua vittoria più notevole arrivò con Brown vs. Board of Education of Topeka (1954), in cui la Corte Suprema ha abbattuto la politica "separati ma uguali" che era stata usata per giustificare la segregazione razziale nelle scuole pubbliche.

Marshall ha poi servito come giudice di una corte d'appello degli Stati Uniti dal 1962 al 1965 e come solicitor generale degli Stati Uniti dal 1965 al 1967, dopo di che il presidente Lyndon B. Johnson lo nominò giudice associato della Corte Suprema.

Come giudice liberale della Corte Suprema, Marshall era noto per aver attaccato la discriminazione, per essersi opposto alla pena di morte e per aver sostenuto la libertà di parola e le libertà civili. Si ritirò dalla panchina nel 1991. Marshall morì a Bethesda, Maryland, il 24 gennaio 1993.

In evidenza

- Come avvocato, ha sostenuto con successo davanti alla Corte il caso Brown v. Board of Education of Topeka (1954), che ha dichiarato incostituzionale la segregazione razziale nelle scuole pubbliche americane.
- Il presidente Lyndon B. Johnson nominò Marshall solicitor generale degli Stati Uniti nel luglio 1965 e lo nominò alla Corte Suprema il 13 giugno 1967; la nomina di Marshall fu confermata (1969-2011) dal Senato degli Stati Uniti il 30 agosto 1967.
- Marshall ha servito nella Corte Suprema mentre questa subiva un periodo di grandi cambiamenti ideologici.

Domande di ricerca

---

1. Come pensa che Thurgood Marshall avrebbe reagito quando ha scoperto di essere stato nominato come primo giudice nero della Corte Suprema?

2. La gente è mai rimasta delusa perché si aspettava di più da Thurgood?
3. Che consiglio può dare alla nostra generazione di attivisti e futuri leader là fuori che potrebbero voler seguire le sue orme o diventare qualsiasi cosa vogliano, indipendentemente dalla loro razza, dal loro aspetto, da dove vengono o da quanto sono istruiti?

Malcolm X (1925-1965)

Leader musulmano americano

"Un uomo che non si batte per niente cadrà per qualsiasi cosa".

Un militante nero, Malcolm X ha sostenuto i diritti degli afroamericani e li ha esortati a sviluppare l'unità razziale. Era noto per la sua associazione prima con la Nation of Islam, a volte conosciuta come i Musulmani Neri, e più tardi con l'Organizzazione dell'Unità Afroamericana, che fondò dopo aver rotto con la Nation of Islam.

Malcolm Little è nato a Omaha, Nebraska, il 19 maggio 1925, settimo di 11 figli. La famiglia si trasferì presto a Lansing, nel Michigan. Lì furono molestati dai bianchi che mal sopportavano le opinioni nazionaliste nere del padre, Earl Little, un organizzatore del movimento "back-to-Africa" di Marcus Garvey.

Quando Malcolm aveva sei anni, suo padre fu assassinato. Sua madre in seguito ebbe un esaurimento nervoso e la famiglia fu separata dalle agenzie di assistenza sociale. Più tardi nella sua vita Malcolm arrivò a credere che i bianchi avessero distrutto la sua famiglia.

Collocato in una serie di scuole e pensioni, Malcolm divenne un ottimo studente e sognava di diventare avvocato. Un insegnante, tuttavia, gli disse che siccome era nero, avrebbe dovuto invece imparare la falegnameria. Scoraggiato, lasciò la scuola dopo la terza media per vivere con un parente a Boston, nel Massachusetts.

Malcolm lustrava scarpe e lavorava in una fontana di soda, in un ristorante e nella squadra di cucina di una ferrovia. Nel 1942 si trasferì nella sezione nera di Harlem a New York City. Visse come un truffatore, imbrogliando per fare soldi. Diffidava della polizia. Un pusher, vendeva droga e divenne lui stesso un drogato. Inseguito da un truffatore rivale, tornò a Boston, dove organizzò un giro di furti. Nel 1946 fu mandato in prigione per furto con scasso.

Mentre era in prigione Malcolm adottò la forma di Islam praticata da un gruppo che più tardi divenne noto come la Nation of Islam. Essi sottolineavano la condotta etica con gli altri afroamericani, ma insegnavano che i bianchi erano "diavoli". Rilasciato dalla prigione nel 1952, Malcolm raggiunse suo fratello minore a Detroit, Michigan. Malcolm sostituì il suo cognome con una X per simboleggiare il suo perduto "vero cognome africano". Questa era un'usanza tra i seguaci della Nation of Islam che consideravano che i loro cognomi avessero avuto origine dai proprietari di schiavi bianchi.

Malcolm X divenne presto un partecipante attivo nella Nation of Islam. Assistette il leader nazionale, Elijah Muhammad, fondando molti nuovi gruppi musulmani in tutti gli Stati Uniti. Il suo successo come reclutatore era il risultato della sua abilità come oratore, poiché lavorava per instillare l'orgoglio razziale nei suoi ascoltatori neri e raccontava le sofferenze dei neri sotto la dominazione bianca. Nel 1954 tornò a New York per diventare ministro dell'importante tempio di Harlem. Nel 1957 fondò il giornale musulmano Muhammad Speaks.

Nei primi anni '60 la Nation of Islam era diventata nota a livello nazionale. Malcolm X era il loro ministro nazionale più efficace e il loro portavoce più riconosciuto. Era sempre più ignorato, tuttavia, dai musulmani neri che lo accusavano di cercare la gloria personale.

Nel 1963 Malcolm X fu ufficialmente messo a tacere per la sua osservazione che l'assassinio del presidente John F. Kennedy era un caso di "polli che tornano al pollaio". Elijah Muhammad lo sospese dal movimento.

Nel 1964 Malcolm X ruppe completamente con la Nation of Islam e iniziò a costruire la sua Organizzazione di Unità Afroamericana (OAAU). Fece l'hajj, o pellegrinaggio alla Mecca, in Arabia Saudita, per conoscere il "vero Islam". Impressionato dall'affiatamento che osservò tra i pellegrini di tutti i colori, Malcolm X arrivò a credere che i bianchi, come i neri, erano vittime di una società razzista. Pensava che l'Islam potesse un giorno unire le persone di tutte le razze. Dopo l'hajj adottò il nome el-Hajj Malik el-Shabazz.

Durante i successivi viaggi nelle nazioni africane, dove fu onorato dai loro statisti, Malcolm X iniziò a sostenere il panafricanismo. Credeva che i neri di tutto il mondo dovessero unirsi per combattere il razzismo.

Durante l'inverno 1964-1965 Malcolm X ricevette diverse minacce di morte e la sua casa fu bombardata. Il 21 febbraio 1965, mentre parlava ad un raduno della OAAU ad Harlem, fu ucciso con un colpo di pistola. Tre membri della Nation of Islam furono condannati per l'omicidio.

La morte di Malcolm X ha rattristato sia i bianchi che i neri che ammiravano il suo instancabile sforzo per costruire l'orgoglio nero e che condividevano le sue speranze che tutte le razze potessero un giorno essere unite in fratellanza. Malcolm X lasciò sua moglie, Betty Shabazz, che aveva sposato nel 1958. Avevano sei figlie.

L'autobiografia di Malcolm X, pubblicata postuma nel 1965, fu scritta da Alex Haley, autore di Roots. Il libro era basato su molte interviste che Haley aveva condotto con Malcolm X poco prima del suo assassinio.

Nel 1992 il regista Spike Lee pubblicò il film Malcolm X, con Denzel Washington nel ruolo principale. Il film, popolare ma controverso, ha ravvivato l'interesse per il leader ucciso, specialmente tra i giovani afroamericani.

In evidenza

- Malcolm X, nome originale Malcolm Little, nome musulmano el-Hajj Malik el-Shabazz, è stato un leader afroamericano e figura di spicco della Nation of Islam che articolò concetti di orgoglio razziale e nazionalismo nero nei primi anni '60.
- Dopo il suo rilascio dalla prigione Malcolm aiutò a guidare la Nation of Islam durante il periodo della sua maggiore crescita e influenza.
- Dopo il suo assassinio, l'ampia diffusione della storia della sua vita - l'Autobiografia di Malcolm X (1965) - lo rese un eroe ideologico, specialmente tra i giovani neri.

Domande di ricerca

---

1. Che cosa pensa della trasformazione di Malcolm X da criminale a leader del Movimento per i diritti civili?
2. Quale pensi abbia avuto l'impatto maggiore - il suo messaggio o le sue azioni? Perché?
3. Come possiamo fare in modo che una figura così divisiva non venga dimenticata o travisata nel mondo di oggi?
4. Pensi che sia il momento di avere più eroi neri nella nostra società?

Jackie Robinson (1919-1972)

Giocatore di baseball americano

"Sopra ogni altra cosa, odio perdere".

"*Una vita non è importante se non nell'impatto che ha su altre vite*", si legge sulla lapide di Jackie Robinson, il primo atleta afroamericano a giocare nelle leghe maggiori di baseball nel 20° secolo. Rompendo la barriera del colore nel 1947, Robinson ha fatto grandi passi avanti non solo per gli atleti neri ma anche per tutti coloro che si occupano di giustizia razziale.

Jack Roosevelt Robinson è nato il 31 gennaio 1919 al Cairo, in Georgia, ma è cresciuto a Pasadena, in California. Dopo aver dimostrato un'eccezionale abilità atletica durante il liceo e il junior college, eccelse nel baseball, nel football, nel basket e nell'atletica all'Università della California a Los

Angeles (UCLA) e divenne il primo studente della scuola a guadagnare quattro lettere in un anno.

Robinson lasciò la UCLA nel 1941 e giocò brevemente a football professionale prima di essere arruolato nell'esercito degli Stati Uniti. Durante il suo servizio, si rifiutò di sedersi in fondo a un autobus e fu minacciato dalla corte marziale, ma le accuse furono ritirate e fu congedato con onore nel 1945.

Mentre giocava a baseball per i Kansas City Monarchs nella Negro National League, Robinson attirò l'attenzione di uno scout dei Brooklyn (ora Los Angeles) Dodgers e fu portato all'attenzione del presidente della squadra Branch Rickey. All'epoca il baseball della Major League era chiuso ai giocatori neri. Rickey pensava che questo fosse sbagliato e voleva trovare qualcuno che potesse integrare con successo lo sport. Dopo aver incontrato Robinson ed essere stato impressionato dal suo coraggio e dalla sua abilità, Rickey lo firmò il 23 ottobre 1945, per giocare nella squadra AAA dei Dodgers a Montreal. Durante la stagione 1946, Robinson batté .349 con il farm club e portò la squadra alla vittoria nelle Little World Series.

Jackie Robinson fece il suo debutto nella Major League nell'aprile 1947. Il problema principale che dovette superare fu il controllo del suo temperamento focoso di fronte ai continui insulti razziali della folla e degli altri giocatori, compresi alcuni dei suoi stessi compagni di squadra.

Robinson non infranse la promessa fatta a Rickey di rimanere in silenzio, anche se i lanciatori a volte gli tiravano deliberatamente addosso, gli alberghi delle partite in trasferta spesso non lo accoglievano e lui e la sua famiglia ricevevano minacce di morte. Jackie Robinson invece lasciò che fossero le sue azioni a parlare, battendo .297 e guidando la National League nelle basi rubate. Alla fine della stagione fu scelto come rookie dell'anno.

La media di .342 di Jackie Robinson lo rese campione di battuta e giocatore più prezioso della lega nel 1949. Durante la sua carriera, che trascorse principalmente come seconda base, Robinson aiutò i Dodgers a catturare sei pennant della National League e un titolo delle World Series.

Jackie Robinson si ritirò nel 1956 con una media battuta di .311 e 197 basi rubate totali. I Dodgers in seguito ritirarono la sua maglia numero 42. Quando fu eletto nella Baseball Hall of Fame nel 1962 fu il primo giocatore nero ad essere onorato.

Dopo che Jackie Robinson lasciò il baseball, perseguì interessi commerciali pur continuando a lavorare per i diritti civili. Il diabete e i problemi di cuore afflissero la sua vita successiva, e morì il 24 ottobre 1972 a Stamford, Connecticut. Sua moglie istituì la Jackie Robinson Foundation l'anno seguente per fornire borse di studio alle minoranze. Nel 1997, la Major League Baseball tenne una stagione di celebrazioni per il 50° anniversario del suo storico debutto.

In evidenza

- Jackie Robinson, pseudonimo di Jack Roosevelt Robinson, fu il primo giocatore di baseball nero a giocare nelle leghe maggiori americane durante il XX secolo.
- Il 15 aprile 1947, Robinson ruppe la decennale "linea del colore" della Major League Baseball quando entrò in campo per i Brooklyn Dodgers della National League.
- Nel 1942 entrò nell'esercito degli Stati Uniti e frequentò la scuola per ufficiali; fu nominato sottotenente nel 1943.
- La sua autobiografia, I Never Had It Made, fu pubblicata nel 1972.

Domande di ricerca

---

1. Qual è la sua cosa preferita di Jackie Robinson?
2. In che modo Jackie Robinson ha cambiato la Major League Baseball?
3. Oltre ad essere un giocatore di baseball, cos'altro ha fatto Robinson per la società e a livello personale?

Jesse Owens (1913-1980)

Atleta afroamericano di atletica leggera

"Tutti abbiamo dei sogni. Per trasformare i sogni in realtà, ci vuole molta determinazione, dedizione, autodisciplina e sforzo".

I Giochi Olimpici del 1936 si tennero a Berlino, in Germania, sotto gli auspici del nuovo regime nazista. Era intenzione di Adolf Hitler usare i giochi per dimostrare quella che credeva essere la superiorità della razza ariana, o bianca. Questo obiettivo è stato seriamente minato quando un atleta afroamericano di nome Jesse Owens ha vinto quattro medaglie d'oro in eventi di atletica leggera.

James Cleveland Owens è nato a Oakville, Alabama, il 12 settembre. 12, 1913. Nei primi anni '20, la sua famiglia si trasferì a Cleveland, Ohio, in cerca di migliori opportunità economiche ed educative. Stabilì i suoi primi record su pista nel salto in alto e nel salto in lungo mentre era allievo della Fairmount Junior High School nel 1928.

Jesse divenne una star della pista al liceo e alla fine del suo ultimo anno batté tre record nazionali interscholastici all'incontro nazionale scolastico di Chicago. Si iscrisse alla Ohio State University nel settembre del 1933 e lì ebbe una notevole carriera in pista. In un giorno, il 25 maggio 1935, durante un incontro della Big Ten all'Università del Michigan, Owens eguagliò il record del mondo sui 100 metri (9,4 secondi) e stabilì nuovi record del mondo sui 220 metri (20,3 secondi), sui 220 metri a ostacoli bassi (22,6 secondi) e sul salto in lungo (26 piedi 8 1/4 pollici, o 8,13 metri).

A Berlino, Owens stabilì un record di salto in lungo che durò per 25 anni. Ha anche pareggiato il record olimpico dei 100 metri di corsa (10,3 secondi) e ha stabilito un nuovo record mondiale nei 200 metri (20,7 secondi).

Dopo il suo trionfo olimpico, Owens si laureò nel 1937 e lavorò per alcuni anni per la Illinois Athletic Commission. Lasciò la commissione nel 1955 e fece viaggi di buona volontà in India e in Estremo Oriente per il Dipartimento di Stato. Owens morì a Phoenix, Arizona, il 31 marzo 1980.

In evidenza

- Jesse Owens, nome di James Cleveland Owens è stato un atleta americano di atletica leggera che ha stabilito un record mondiale nel salto in lungo (chiamato anche salto in lungo) che è rimasto in piedi per 25 anni e che ha vinto quattro medaglie d'oro ai Giochi olimpici di Berlino 1936.
- Le sue quattro vittorie olimpiche furono un duro colpo per l'intenzione di Adolf Hitler di utilizzare i Giochi per dimostrare la superiorità ariana.
- Nel 1976 Owens ricevette la Medaglia Presidenziale della Libertà, e nel 1990 gli fu assegnata postuma la Medaglia d'Oro del Congresso.

Domande di ricerca

1. Quali sono i vostri pensieri sulla storia della vita di Jesse Owens?
2. Avete sentito parlare della storia olimpica della Germania e delle Olimpiadi naziste?
3. Supponete di essere in una stanza con Adolf Hitler in questo particolare momento, cosa gli direste?

Bobby Seale (nato nel 1936)

Attivista politico americano, cofondatore del Black Panther Party

"Noi non odiamo nessuno a causa del suo colore. Noi odiamo l'oppressione!"

L'attivista politico afroamericano Bobby Seale fu il fondatore, insieme a Huey Newton, e presidente nazionale del Black Panther Party. Seale faceva parte di una generazione di giovani radicali afroamericani che si staccarono dal movimento tradizionalmente non violento dei diritti civili per predicare una dottrina di empowerment nero militante. Dopo l'archiviazione delle accuse di omicidio contro di lui nel 1971, Seale moderò in qualche modo le sue opinioni più militanti e dedicò il suo tempo a realizzare il cambiamento dall'interno del sistema.

Robert Seale è nato il 22 ottobre 1936 a Dallas, Texas, ed è cresciuto a Dallas e in California. Dopo il servizio nella U.S. Air Force, entrò al Merritt College, a Oakland, California. Lì il suo radicalismo ha messo radici nel 1962, quando ha sentito parlare per la prima volta Malcolm X. Seale contribuì a fondare le Pantere Nere nel 1966. Noti per le loro opinioni violente, le Pantere Nere gestivano anche cliniche mediche e servivano colazioni gratuite ai bambini delle scuole, tra gli altri programmi.

Nel 1969 Seale fu incriminato a Chicago, Illinois, per cospirazione per incitare i disordini durante la convention nazionale democratica dell'anno precedente. Il tribunale rifiutò di permettergli di avere la sua scelta di avvocato. Quando Seale si alzò ripetutamente per insistere che gli era stato negato il suo diritto costituzionale ad avere un avvocato, il giudice ordinò di legarlo e imbavagliarlo. Fu condannato per 16 capi d'accusa di disprezzo e a quattro anni di prigione. Nel 1970-71 lui e un coimputato furono processati per l'omicidio del 1969 di una Pantera Nera sospettata di essere un informatore della polizia. Il processo, durato sei mesi, si concluse con una giuria senza maggioranza.

Dopo il suo rilascio dalla prigione, Seale rinunciò alla violenza come mezzo per raggiungere un fine e annunciò la sua intenzione di lavorare all'interno del processo politico. Si candidò come sindaco di Oakland nel 1973, arrivando secondo. Mentre il Black Panther Party svaniva dalla vista pubblica, Seale assunse un ruolo più tranquillo, lavorando per migliorare i servizi sociali nei quartieri neri e per migliorare l'ambiente. Gli scritti di Seale includono opere diverse come SEIZE THE TIME (1970), una storia del movimento delle Pantere Nere, e BARBEQUE'N WITH BOBBY (1988), un libro di cucina.

In evidenza

- Bobby Seale faceva parte di una generazione di giovani radicali afroamericani che si staccarono dal movimento dei diritti civili tradizionalmente non violento per predicare una dottrina di empowerment nero militante.
- Dopo il servizio nella U.S. Air Force, Bobby Seale entrò al Merritt College, a Oakland, California, dove il suo radicalismo mise radici nel 1962, quando sentì per la prima volta parlare Malcolm X.
- Bobby Seale si candidò come sindaco di Oakland nel 1973, arrivando secondo.

- Mentre il Black Panther Party svaniva dalla vista pubblica, Seale assunse un ruolo più tranquillo, lavorando per migliorare i servizi sociali nei quartieri neri e per migliorare l'ambiente.

Domande di ricerca

---

1) Cosa pensa degli ideali del partito delle Pantere Nere?
2) Qual è il suo sistema politico preferito e perché è una democrazia?
3) Quanto è stato importante Bobby Seale per l'emancipazione dei neri?

Patrice Lumumba (1925-1961)

Primo Primo Ministro della Repubblica Democratica indipendente

"Nessuno è perfetto in questo mondo imperfetto".

Il primo primo ministro della Repubblica Democratica del Congo, Patrice Lumumba rimase in carica per meno di tre mesi e fu assassinato dai suoi oppositori quattro mesi dopo essere stato espulso dalla carica. Lumumba è venerato come un eroe nazionale per il suo coraggio e le sue ambizioni.

Patrice Lumumba è nato a Onalua, nel Congo belga, il 2 luglio 1925. Non riuscì a completare la sua formazione scolastica prima di stabilirsi a Léopoldville, ora Kinshasa, e diventare un impiegato postale. Lì divenne attivo nel movimento sindacale e nel partito liberale belga.

Nel 1956 Patrice Lumumba fu condannato per appropriazione indebita dall'ufficio postale e incarcerato per 12 mesi. Rilasciato, divenne un venditore, ma fu coinvolto nei movimenti nazionalisti che stavano nascendo in Africa. Nel 1958 fondò il Movimento Nazionale Congolese. Quando il Belgio concesse l'indipendenza al Congo il 30 giugno 1960, il suo partito ricevette il maggior numero di seggi nella legislatura, e divenne primo ministro sotto il presidente Joseph Kasavubu, un rivale politico.

Nel primo anno di indipendenza, la nuova nazione era in costante fermento. L'esercito era ribelle e la provincia del Katanga si era separata. Gli sforzi di Lumumba per risolvere le crisi non ebbero successo, e il 5 settembre 1960, Kasavubu lo destituì dall'incarico. Lumumba ha contestato la mossa, e per mesi ciascuno ha sostenuto di essere a capo del governo legale. A dicembre fu catturato dalle forze di Kasavubu.

Un mese dopo Lumumba fu consegnato al regime secessionista del Katanga. Fu assassinato poche ore dopo il trasferimento. Anche se le circostanze della sua morte non sono mai state adeguatamente spiegate, alcune teorie hanno indicato il suo successore, Joseph Mobutu, mentre altri hanno suggerito che la Central Intelligence Agency degli Stati Uniti fosse dietro l'omicidio.

Tuttavia, un rapporto rilasciato dal governo belga nel novembre 2001 ha riconosciuto che il loro paese ha avuto un ruolo nell'assassinio di Lumumba. Nel febbraio 2002, il governo belga si scusò formalmente con la famiglia di Lumumba.

In evidenza

- Patrice Lumumba, per esteso Patrice Hemery Lumumba è stato un leader nazionalista africano, primo ministro della Repubblica Democratica del Congo (giugno-settembre 1960).
- Era per un Congo unitario e contro la divisione del paese lungo linee etniche o regionali.
- Ha proclamato il suo regime di "neutralismo positivo", che ha definito come un ritorno ai valori africani e il rifiuto di qualsiasi ideologia importata, compresa quella dell'Unione Sovietica.

Domande di ricerca

---

1. Pensi che Patrice Lumumba abbia realizzato ciò che si era prefissato di fare? Ha mantenuto le sue promesse? Cosa pensi possa essere andato storto?
2. Perché pensa che sia un eroe?
3. Perché celebriamo il Mese della Storia Nera a febbraio?

James Meredith (nato nel 1933)

Attivista per i diritti civili e autore americano

"I bianchi liberali sono il più grande nemico degli afroamericani".

Nel 1962 James Meredith passò alla storia come il primo afroamericano ad iscriversi all'Università del Mississippi. La sua iscrizione all'università per soli bianchi incorse nell'ira sia dei funzionari statali che delle folle locali anti-desegregazione, costringendo il governo degli Stati Uniti a fornire truppe federali per la protezione. Anche se divenne attivo nel movimento per i diritti civili durante gli anni immediatamente dopo aver lasciato la scuola, Meredith divenne sempre più conservatore quando il movimento si radicalizzò negli anni Settanta.

James Howard Meredith è nato il 25 giugno 1933 a Kosciusko, Miss, in una famiglia in cui l'educazione e i valori tradizionali erano molto rispettati.

Dopo la scuola superiore, Meredith si arruolò nella U.S. Air Force, servendo dal 1951 al 1960. Dopo il suo congedo, Meredith si iscrisse al Jackson State College (ora Jackson State University) a Jackson, Miss. A quel tempo, il Jackson State, come tutte le scuole del Mississippi, era segregato, con l'iscrizione limitata agli afroamericani.

Nel 1961 James Meredith fece domanda all'Università del Mississippi, tutta bianca, come studente trasferito. Dopo che la sua domanda fu respinta due volte, fece appello alla National Association for the Advancement of Colored People (NAACP) e al suo segretario di campo locale Medgar Evers per avere assistenza. Una denuncia di discriminazione razziale fu presentata in tribunale, ma fu respinta.

Dopo un anno di appelli da parte degli avvocati della NAACP per conto di Meredith, la decisione del tribunale fu ribaltata dalla Corte Suprema degli Stati Uniti, che il 10 settembre 1962 stabilì che James Meredith aveva il diritto di frequentare l'università.

Nonostante la sentenza federale a favore di Meredith, i funzionari statali giurarono di impedire a Meredith di entrare all'università. Dieci giorni dopo la sentenza della Corte Suprema, Meredith tentò di iscriversi alle lezioni ma fu fermato dal governatore del Mississippi, Ross Barnett, che si presentò di persona per impedire il suo ingresso. L'azione di Barnett raccolse il sostegno di folle di passanti anti-desegregazione, così come l'attenzione dei media nazionali.

Durante la settimana successiva, Meredith, accompagnato da sceriffi federali, cercò ripetutamente di registrarsi in varie sedi del campus. Ogni volta fu bloccato da funzionari statali. Questa palese inosservanza di una decisione federale da parte dei funzionari statali, unita alla crescente minaccia di un'azione violenta della folla, spinse il presidente John Kennedy e il procuratore generale Robert Kennedy il 30 settembre a ordinare a più di 500 agenti federali di scortare Meredith nel campus.

Entro poche ore dal loro arrivo, una folla si era formata e cominciò a tumultuare, attaccando le guardie con mattoni, bottiglie Molotov e pistole. Kennedy ordinò rapidamente altre 16.000 truppe federali per affrontare la folla, che alla fine arrivò a quasi 2.000. Le truppe, con l'ordine di non sparare, usarono gas lacrimogeni per sedare i disordini che seguirono. Entro la fine della giornata, l'ordine fu ristabilito, ma non senza un grande costo: due persone furono uccise e altre 160 furono ferite, compresi 28 sceriffi che furono colpiti da persone nella folla.

Il giorno seguente, ancora una volta scortato da sceriffi federali, James Meredith fu registrato all'università. Per il resto del suo tempo lì, un piccolo numero di truppe federali rimase nel campus per proteggerlo.

Il tempo di Meredith all'Università del Mississippi fu relativamente breve. Si laureò nel 1963 e divenne attivo negli sforzi locali per i diritti civili. Il 5 giugno 1966, iniziò una marcia da Memphis, Tenn. a Jackson, nel tentativo di protestare contro il razzismo e incoraggiare gli afroamericani a registrarsi per votare. Il secondo giorno della "Marcia contro la paura", come fu chiamata, Meredith fu colpito da un cecchino. Fu ricoverato in ospedale, e la marcia fu continuata da diversi leader chiave dei diritti civili, tra cui il Dr. Martin Luther King, Jr, Floyd McKissick del Congress of Racial Equality (CORE), e Stokely Carmichael (che più tardi cambiò il suo nome in Kwame Toure).

James Meredith si unì alla marcia il 24 giugno, e due giorni dopo si concluse con un raduno a Jackson. La marcia ebbe successo sia nell'aumentare la consapevolezza del problema del razzismo che nell'incoraggiare la registrazione degli elettori - si stima che 4.000 nuovi elettori afroamericani furono registrati in Mississippi durante il corso della marcia.

Meredith si iscrisse alla Columbia University Law School di New York City, dove si laureò in legge nel 1968. Negli anni seguenti Meredith divenne sempre più angosciato da ciò che vedeva come la crescente militanza dei movimenti dei diritti civili e del Black Power.

James Meredith lavorò in varie aziende e si allontanò sempre più dalla politica afroamericana. Ardente oppositore dell'azione affermativa, Meredith ha attirato aspre critiche dai leader afroamericani e liberali quando ha scelto nel 1989 di lavorare per il conservatore e controverso senatore Jesse Helms del North Carolina.

James Meredith ha scritto diversi libri sulle sue impressioni del primo movimento per i diritti civili, tra cui Three Years in Mississippi (1966) e Mississippi: A Volume of Eleven Books (1995).

In evidenza

- James Meredith è un attivista americano per i diritti civili che ha guadagnato fama nazionale in un momento chiave del movimento per i diritti civili nel 1962, quando divenne il primo studente afroamericano all'Università del Mississippi.
- Le sue ripetute domande all'Università del Mississippi furono negate unicamente sulla base della sua razza, secondo il verdetto della sua battaglia giudiziaria del 1961-1962, che fu vinta in appello con l'assistenza legale della National Association for the Advancement of Colored People (NAACP).
- Il mandato di Meredith al Mississippi fu breve; si laureò nel 1963.
- Il documentario Walk Against Fear: James Meredith è apparso nel 2020.

Domande di ricerca

---

1. Quali sono i vostri pensieri sui suoi successi?
2. Se la gente conoscesse meglio l'America, cosa imparerebbe su di essa che potrebbe non sapere ora?

Ralph Abernathy (1926-1990)

Pastore americano e leader dei diritti civili

"I cristiani dovrebbero essere pronti per un cambiamento perché Gesù è stato il più grande cambiatore della storia. "

Il pastore americano e leader dei diritti civili Ralph David Abernathy fu il principale aiutante e il più stretto collaboratore di Martin Luther King, Jr. durante il movimento per i diritti civili degli anni '50 e '60. Abernathy fu cofondatore, insieme a King, della Southern Christian Leadership Conference (SCLC), che cercava di coordinare e assistere le organizzazioni locali che lavoravano per la piena uguaglianza degli afroamericani in tutti gli aspetti dell'America.

Abernathy è nato l'11 marzo 1926 a Linden, in Alabama. Figlio di un agricoltore di successo, è stato ordinato ministro battista nel 1948. Nel 1950 Abernathy si è laureato in matematica all'Alabama State University, e nel 1951 ha conseguito un master in sociologia all'Atlanta University. In seguito divenne pastore della First Baptist Church di Montgomery, Alabama, e incontrò King qualche anno dopo, quando quest'ultimo divenne pastore di un'altra chiesa battista nella stessa città. Nel 1955-56 i due uomini organizzarono un boicottaggio dei cittadini neri del sistema di autobus pubblici di Montgomery che forzò la desegregazione razziale del sistema nel 1956. Questo boicottaggio non violento segnò l'inizio del movimento per i diritti civili che avrebbe desegregato la società americana nei due decenni successivi.

King e Abernathy continuarono la loro stretta collaborazione mentre il movimento dei diritti civili prendeva slancio, e nel 1957 fondarono la Southern Christian Leadership Conference (con King come presidente e Abernathy come segretario-tesoriere).

Nel 1961 Ralph David Abernathy trasferì le sue attività religiose ad Atlanta, Georgia, e quell'anno fu nominato vicepresidente della SCLC. Continuò ad essere il principale aiutante di King e il suo consigliere più vicino fino all'assassinio di King nel 1968, quando Abernathy gli succedette come presidente dell'SCLC. Abernathy guidò l'organizzazione fino alle sue dimissioni nel 1977, dopo di che riprese il suo lavoro come pastore di una chiesa battista ad Atlanta.

L'autobiografia di Ralph David Abernathy, "And the Walls Came Tumbling Down", è apparsa nel 1989. Abernathy morì il 17 aprile 1990 ad Atlanta.

In evidenza

- Ralph David Abernathy, era un pastore nero americano e un leader dei diritti civili che fu il principale aiutante e il più stretto collaboratore di Martin Luther King durante il movimento dei diritti civili degli anni '50 e '60.
- King e Abernathy continuarono la loro stretta collaborazione mentre il movimento per i diritti civili prendeva slancio, e nel 1957 fondarono la Southern Christian Leadership Conference (SCLC; con King come presidente e Abernathy come segretario-tesoriere)

per organizzare la lotta non violenta contro la segregazione in tutto il Sud.

- Continuò ad essere il principale assistente di King e il suo consigliere più vicino fino all'assassinio di King nel 1968, quando Abernathy gli succedette come presidente del SCLC.
- Ha diretto questa organizzazione fino alle sue dimissioni nel 1977, dopo di che ha ripreso il suo lavoro come pastore di una chiesa battista ad Atlanta.

Domande di ricerca

---

1. Per cos'altro è noto Ralph Abernathy?
2. Qual è un importante risultato che pensa che Abernathy abbia avuto e che tutti dovremmo conoscere?
3. Perché pensa che sia importante per noi ricordarlo come un eroe degno di essere studiato?
4. Se ai bambini birazziali non vengono date le informazioni di cui hanno bisogno sugli eroi come Ralph, cosa succederà quando verrà chiesto loro perché le lezioni di storia non gli dicono queste cose?

Jesse Jackson (nato nel 1941)

Ministro e attivista americano

"Non guardare mai nessuno dall'alto in basso, a meno che tu non lo stia aiutando ad alzarsi. "

Primo afroamericano a cercare la candidatura alla presidenza degli Stati Uniti, il leader dei diritti civili Jesse Jackson si è affermato come forza politica dominante nel corso degli anni '80. Un oratore pubblico molto articolato e dinamico, è noto per la sua appassionata difesa dell'emancipazione, della pace e della giustizia sociale.

Jesse Jackson ha fondato organizzazioni come Operation PUSH (People United to Save Humanity) e la National Rainbow Coalition ed è ampiamente riconosciuto come un ambasciatore internazionale di pace.

Jesse Louis Jackson è nato a Greenville, S.C., l'8 ottobre 1941, ed è stato cresciuto dalla madre e dal patrigno. Eccellente studente e atleta, ottenne una borsa di studio per il calcio all'Università dell'Illinois. In seguito si è trasferito al North Carolina Agricultural and Technical College, dove è diventato attivo nel movimento per i diritti civili. Dopo essersi laureato nel 1964 con una laurea in sociologia, Jackson ha proseguito gli studi post-laurea al Chicago Theological Seminary.

L'anno seguente, tuttavia, Jesse Jackson mise in pausa i suoi studi per unirsi alla Southern Christian Leadership Conference (SCLC) sotto Martin Luther King, Jr. nella sua battaglia per far progredire il movimento dei diritti civili. Poco dopo, King nominò Jackson direttore dell'Operation Breadbasket della SCLC a Chicago, un'organizzazione dedicata ad aiutare gli afroamericani a trovare lavoro e altri servizi.

Mentre serviva nell'organizzazione, Jackson fu ordinato ministro battista nel 1968. Nel 1971 Jackson fondò Operation PUSH a Chicago, un'organizzazione di auto-aiuto che continuò il lavoro di Operation Breadbasket incoraggiando gli afroamericani e le persone svantaggiate a diventare economicamente indipendenti e contribuendo ad aprire loro maggiori opportunità di lavoro, affari e istruzione.

Durante la sua carriera, Jesse Jackson ha dimostrato la sua dedizione ai giovani, facendo ampie campagne per l'istruzione e contro l'abuso di droga e le bande, con il suo famoso slogan "Io sono qualcuno". Alla fine degli anni '70, ha fondato PUSH-Excel, un programma motivazionale mirato ad aiutare i bambini e gli adolescenti dei quartieri poveri e svantaggiati ad avere successo a scuola.

Potente negoziatore, Jackson si impegnò anche negli affari esteri, lavorando per la pace e la giustizia su scala internazionale. Nel 1979 si recò in Sudafrica per parlare contro l'apartheid, un sistema oppressivo in cui alla maggioranza africana venivano negati gli stessi diritti e privilegi della minoranza non africana. Nel 1984 ottenne la libertà del pilota della marina statunitense, il tenente Robert Goodman, il cui aereo era stato abbattuto sul Libano.

Più tardi quell'anno Jackson viaggiò a Cuba, dove ottenne la libertà per 48 prigionieri cubani e cubano-americani. Nel 1990 Jackson incontrò Saddam Hussein in Iraq e lo convinse a rilasciare gli ostaggi statunitensi catturati durante l'invasione irachena del Kuwait. Tornò a Cuba nel 1994 per incontrare Fidel Castro e fu inviato in una missione di pace in Nigeria più tardi quell'anno dal presidente Bill Clinton.

Nel 1997 Jesse Jackson fu nominato Inviato Speciale del Presidente e del Segretario di Stato per la Promozione della Democrazia in Africa dal Presidente Clinton e dal Segretario di Stato Madeleine Albright. Jackson si recò anche a Belgrado, in Jugoslavia, nel 1999, dove convinse il presidente Slobodan Milošević a rilasciare tre prigionieri di guerra statunitensi catturati durante la guerra in Kosovo.

La prominenza di Jackson come figura internazionale ha avuto una potente influenza sulla comunità afroamericana. Questa influenza fu determinante per la sua campagna di registrazione degli elettori, che aiutò ad eleggere il primo sindaco afroamericano di Chicago, Harold Washington, nell'aprile 1983.

Jesse Jackson mostrò ancora di più la sua abilità di politico nel 1984, quando aprì una nuova strada facendo una campagna per la nomination presidenziale democratica. Con una base politica ancora più forte, fece di nuovo campagna per la nomination nel 1988 quando, su sette contendenti, finì fortemente secondo. Poco dopo l'elezione del 1984, Jackson lanciò la National Rainbow Coalition, con sede a Washington, D.C.

Jackson usò questa organizzazione come un veicolo per fare lobby per l'empowerment politico, cambiamenti nella politica pubblica, aumento dei diritti di voto, più programmi sociali per i poveri e i disabili, alleggerimento delle tasse per i poveri, e pari diritti per gli afroamericani, minoranze, donne, omosessuali, e altre persone oppresse.

Nel 1989 Jackson trasferì la sua residenza ufficiale da Chicago a Washington, D.C., dove si credeva che si sarebbe candidato a sindaco. Invece, fu eletto nel 1990 alla carica di senatore della statualità, una posizione di lobbying creata dal consiglio comunale di Washington, D.C., a sostegno di una legge che avrebbe concesso la statualità al distretto. Nel 1996 Jackson tornò a Chicago e l'Operation PUSH e la National Rainbow Coalition si fusero in un'unica organizzazione, la Rainbow/PUSH Coalition, che portò avanti il lavoro di entrambe le organizzazioni.

Per la sua dedizione al movimento dei diritti civili e la sua promozione della pace nel mondo e della giustizia sociale, Jackson ha ricevuto diversi riconoscimenti. Nel 1991 il Servizio Postale degli Stati Uniti ha messo le sembianze di Jackson su un francobollo per l'annullo, rendendolo solo la seconda persona vivente nella storia degli Stati Uniti ad essere così onorata. Jackson ha ricevuto il premio per la pace nonviolenta Martin Luther King, Jr. nel 1993 e ha ricevuto la Medaglia presidenziale della libertà nel 2000 dal presidente Clinton.

Jesse Jackson ha anche ricevuto più di 40 dottorati onorari e ha ottenuto un master in divinità dal Chicago Theological Seminary nel 2000.

In evidenza

- Jesse Jackson, nome originale Jesse Louis Burns, è un leader americano per i diritti civili, ministro battista e politico, le cui candidature alla presidenza degli Stati Uniti (nelle corse per la nomina del Partito Democratico nel 1983-84 e 1987-88) sono state le più riuscite da parte di un afroamericano fino al 2008, quando Barack Obama ha ottenuto la nomination presidenziale democratica.
- Mentre era all'università, Jackson fu coinvolto nel movimento per i diritti civili.
- Negli anni '80 Jackson è diventato un importante portavoce nazionale e sostenitore degli afroamericani.

Domande di ricerca

---

1. Qual è stato il suo momento più memorabile?
2. Perché è un eroe per alcune persone ma non per altre?
3. Qual è il significato e la storia dietro il suo nome?

James Lawson (nato nel 1928)

Ministro americano e attivista dei diritti civili

"Il nostro paese è un paese intrappolato, incastrato, dipendente dalla mitologia della violenza".

Il ministro americano e attivista per i diritti civili James Lawson fu determinante nella fondazione dello Student Nonviolent Coordinating Committee (SNCC). L'organizzazione ha giocato un ruolo chiave nel movimento per i diritti civili degli anni '60. Molti attivisti dei diritti civili e studiosi accreditano Lawson per aver sviluppato la strategia nonviolenta del movimento.

James Morris Lawson, Jr. è nato il 22 settembre 1928 a Uniontown, Pennsylvania, ma è cresciuto in Ohio. Suo padre e suo nonno erano ministri metodisti e Lawson ottenne la licenza di predicatore nel 1947.

James Lawson ha poi conseguito una laurea al Baldwin-Wallace College di Berea, Ohio, nel 1951. Mentre era lì, si unì alla Fellowship of Reconciliation (FOR), la più antica organizzazione pacifista del paese. In quel periodo Lawson studiò gli insegnamenti di nonviolenza del leader indiano Mahatma Gandhi e del ministro nero Howard Thurman. Nel 1951 Lawson fu condannato al carcere per aver rifiutato di registrarsi per combattere nella guerra di Corea a causa delle sue convinzioni pacifiste.

Dopo il rilascio di Lawson dalla prigione nel 1952, si recò in India. Lì lavorò come ministro del campus e insegnante all'Hislop College di Nagpur. Passò del tempo a parlare con persone che avevano lavorato con Gandhi e rinnovò il suo studio sull'uso della nonviolenza di Gandhi.

Allo stesso tempo, James Lawson era profondamente interessato al crescente movimento non violento per i diritti civili negli Stati Uniti. Seguì in particolare il boicottaggio degli autobus di Montgomery. Durante il boicottaggio gli attivisti dei diritti civili e i loro sostenitori organizzarono una protesta nonviolenta di massa contro il sistema di autobus di Montgomery, in Alabama, per il suo ingiusto trattamento dei neri. Lawson tornò negli Stati Uniti nel 1956. Successivamente continuò i suoi studi alla Scuola di Teologia dell'Oberlin College in Ohio.

Lawson incontrò Martin Luther King, Jr. nel 1957. King suggerì a Lawson di trasferirsi nel Sud e di insegnare le strategie della nonviolenza ai membri del movimento per i diritti civili. Lawson si trasferì quindi a Nashville, nel Tennessee. Lì lavorò per la FOR e si iscrisse alla Vanderbilt University. Iniziò a insegnare seminari sulla nonviolenza ai membri della comunità e agli studenti.

Nel febbraio 1960 Lawson e altri attivisti organizzarono il primo sit-in ai banchi del pranzo segregati razzialmente a Nashville. Durante i sit-in, gli afroamericani si sedevano pacificamente ai banchi del pranzo designati come "solo per bianchi", anche dopo che il personale si rifiutava di servirli. I leader della città di Nashville alla fine accettarono di desegregare alcuni banchi del pranzo dopo che più di 150 manifestanti furono arrestati. Gli afroamericani cominciarono a organizzare sit-in in tutto il Sud. A marzo i funzionari della Vanderbilt espulsero Lawson per il suo lavoro nel movimento di desegregazione di Nashville. Più tardi quell'anno conseguì una laurea in teologia sacra alla Boston University.

Nell'aprile del 1960 i leader dei sit-in e altri attivisti per i diritti civili si incontrarono a Raleigh, North Carolina, e fondarono il SNCC interrazziale. Lawson fu co-autore della dichiarazione di intenti, che stabiliva la filosofia nonviolenta e religiosa del gruppo.

Lawson fu coinvolto nel SNCC fino al 1964 e fu membro della Southern Christian Leadership Conference (SCLC) dal 1960 al 1967. La SCLC aiutava le organizzazioni che lottavano per l'uguaglianza degli afroamericani. Gli storici riconoscono Lawson come il principale insegnante dei principi della nonviolenza sia per il SNCC che per i membri del SCLC.

Nel 1973 Lawson divenne un membro del consiglio della SCLC. Fu presidente del capitolo di Los Angeles, California, dal 1979 al 1993. Ha anche servito come pastore della Holman Methodist Church di Los Angeles dal 1974 al 1999. Anche dopo il suo ritiro come pastore, Lawson ha continuato ad essere attivo nel movimento della nonviolenza.

Nel 2011 l'International Center on Nonviolent Conflict (ICNC) ha nominato un premio in onore di Lawson. Ogni anno l'organizzazione presenta il James Lawson Award for Achievement in the Practice, Study, or Reporting of Nonviolent Conflict. L'ICNC ha anche iniziato il James Lawson Institute nel 2013. Si tratta di un evento annuale di più giorni che ospita workshop e seminari di presentatori, tra cui Lawson, sulla resistenza nonviolenta. Nel 2018 la Vanderbilt University ha nominato una borsa di studio in suo onore. L'anno successivo Lawson è stato inserito nella California Hall of Fame.

In evidenza

- Il ministro americano e attivista per i diritti civili James Lawson fu determinante nella fondazione dello Student Nonviolent Coordinating Committee (SNCC), un'organizzazione che ebbe un ruolo chiave nel movimento per i diritti civili degli anni '60.
- Lawson è stato co-autore della dichiarazione di intenti, che ha stabilito la filosofia nonviolenta e religiosa del gruppo.
- Gli storici riconoscono Lawson come il principale insegnante dei principi della nonviolenza sia per i membri dell'SNCC che dell'SCLC.

Domande di ricerca

1. Cosa pensi di come le persone potenti (o gruppi storicamente superiori) possano ancora commettere errori ed essere comunque leader forti? '
2. Come è stato iniziato e organizzato il sit-in?

Kwame Nkrumah (1909-1972)

Primo Primo Ministro e Presidente del Ghana

"Non sono africano perché sono nato in Africa, ma perché l'Africa è nata in me".

Uno degli eccezionali leader nelle lotte africane contro il colonialismo negli anni '50 fu Kwame Nkrumah. Divenne il primo presidente del Ghana indipendente e in seguito stabilì una dittatura a partito unico.

Nkrumah è nato a Nkroful, Costa d'Oro, nel settembre 1909. Si laureò all'Achimota College nel 1930 e insegnò nelle scuole cattoliche romane e in un seminario. Il suo interesse per la religione fu deviato dalla politica del nazionalismo africano nel 1934 circa. Andò negli Stati Uniti nel 1935 e studiò alla Lincoln University in Pennsylvania.

Dopo la laurea nel 1939, Nkrumah guadagnò dei master alla Lincoln e all'Università della Pennsylvania. Politicamente Nkrumah era un marxistasocialista. Dopo aver studiato alla London School of Economics, Nkrumah tornò in patria nel 1947 e divenne un portavoce della United Gold Coast Convention per lavorare per l'autogoverno. Nel 1950 iniziò un programma di non cooperazione nonviolenta contro il dominio britannico.

Nel 1951 Nkrumah fu eletto in Parlamento e nel 1952 divenne primo ministro. Quando la Costa d'Oro e il Togoland britannico divennero indipendenti come nazione del Ghana nel 1957, il suo partito controllò la legislatura.

Nel 1960 Kwame Nkrumah fu nominato presidente e nel 1964 divenne presidente a vita. Il suo governo, che durò fino a quando un colpo di stato militare lo spodestò il 24 febbraio 1966, fu autoritario e le sue politiche economiche furono un totale fallimento. Nkrumah andò in esilio in Guinea e morì a Bucarest, in Romania, il 27 aprile 1972.

In evidenza

- Kwame Nkrumah era un leader nazionalista ghanese che guidò la spinta della Costa d'Oro per l'indipendenza dalla Gran Bretagna e presiedette alla sua nascita come nuova nazione del Ghana.
- Ha guidato il paese dall'indipendenza nel 1957 fino a quando è stato rovesciato da un colpo di stato nel 1966.
- La sua amministrazione fu coinvolta in progetti di sviluppo magnifici ma spesso rovinosi, così che un paese un tempo prospero divenne paralizzato dal debito estero.

Domande di ricerca

---

1. Quali sono alcune cose che erano popolari e hanno avuto successo in Ghana durante il periodo in cui Kwame Nkrumah era presidente?
2. Qual era il suo obiettivo principale in Ghana?
3. Perché oggi è considerato un eroe da molti in Africa?

Bayard Rustin (1912-1987)

Attivista americano per i diritti civili

"Avere paura è comportarsi come se la verità non fosse vera..."

L'attivista americano per i diritti civili Bayard Rustin ebbe un ruolo attivo nella lotta per l'uguaglianza razziale. Non era d'accordo con la segregazione razziale e credeva nell'agitazione pacifista. Rustin fu il principale organizzatore della Marcia su Washington del 1963, una manifestazione di massa per raccogliere sostegno per la legislazione sui diritti civili che era in sospeso al Congresso.

Rustin è nato il 17 marzo 1910 a West Chester, Pennsylvania. Dopo aver finito la scuola superiore, fece dei lavori saltuari e viaggiò molto. Durante questo periodo ricevette anche cinque anni di studi universitari al City College of New York (a New York City) e in altre istituzioni, ma Rustin non completò mai una laurea. Dal 1941 al 1953 lavorò per la Fellowship of Reconciliation, un'organizzazione religiosa non confessionale. Contemporaneamente, nel 1941, Rustin organizzò il ramo di New York di un altro gruppo riformista, il Congress on Racial Equality.

Negli anni '50 Rustin divenne uno stretto consigliere del leader dei diritti civili Martin Luther King, Jr. e fu il principale organizzatore della Southern Christian Leadership Conference di King. Nell'agosto 1963 Rustin aiutò a organizzare la Marcia su Washington, che riunì un gruppo interrazziale di più di 200.000 persone per chiedere una giustizia uguale per tutti i cittadini secondo la legge.

Nel 1964 Rustin diresse un giorno di boicottaggio studentesco delle scuole pubbliche di New York City per protestare contro gli squilibri razziali in quel sistema. In seguito fu presidente dell'A. Philip Randolph Institute, un'organizzazione per i diritti civili a New York City, dal 1966 al 1979. Rustin morì il 24 agosto 1987 a New York. Nel 2013 gli è stata conferita postuma la Medaglia presidenziale della libertà.

In evidenza

- Bayard Rustin è stato un attivista americano per i diritti civili, consigliere di Martin Luther King, Jr. e principale organizzatore della Marcia su Washington del 1963.
- Lavorò per la Fellowship of Reconciliation, un'organizzazione religiosa non confessionale, dal 1941 al 1953, e organizzò il ramo di New York di un altro gruppo riformista, il Congress on Racial Equality, nel 1941.
- Nel 1953 Rustin, che era omosessuale, fu arrestato in California dopo essere stato scoperto a fare sesso con un uomo. Ha scontato 50 giorni di prigione ed è stato registrato come criminale sessuale.
- Nel 2020 Rustin fu graziato per la sua condanna del 1953.

Domande di ricerca

1. Come si sente nell'apprendere che qualcuno che ha influenzato così tanto in così tanti aspetti della sua vita può essere stato ampiamente dimenticato dai libri di storia?
2. C'è molta tensione tra le strategie di Bayard per la nonviolenza e la resistenza di Malcolm X con lo scontro fisico... chi pensi sia stato più efficace nel far passare il proprio messaggio?
3. Di quali altri tipi di nuove coalizioni pensi che abbiamo bisogno affinché le persone in diverse comunità/industrie lavorino insieme per il cambiamento sociale oggi?

Steve Biko (1946-1977)

Leader politico sudafricano

"O sei vivo e orgoglioso o sei morto, e quando sei morto, non te ne può importare comunque".

Come attivista per i diritti civili negli anni '60 e '70, il sudafricano Steve Biko è considerato il padre della coscienza nera, una filosofia che ha descritto come "autosufficienza psicologica nera". Ha ridefinito il movimento sudafricano per i diritti civili incoraggiando i neri a ottenere una nuova consapevolezza della loro intrinseca autostima e dignità umana. Steve Biko ha guadagnato un seguito nazionale in Sudafrica per i suoi eloquenti e appassionati appelli per l'autonomia politica e culturale dei neri in Sudafrica.

Bantu Stephen ("Steve") Biko è nato il 18 dicembre 1946 a King William's Town, Sudafrica. Suo padre morì quando aveva 4 anni. Biko iniziò a combattere contro l'apartheid, il sistema di segregazione e discriminazione razziale del Sudafrica, in giovane età. Dopo essere stato espulso dalla Lovedale High School per le sue attività politiche, frequentò il Saint Francis College.

Steve Biko si è laureato nel 1966. Biko si iscrisse poi alla scuola di medicina all'Università di Natal. Divenne sempre più coinvolto nella politica, tuttavia, e non finì mai la sua laurea in medicina.

Durante gli anni del college, Biko fu un membro attivo della National Union of South African Students (NUSAS), ma ruppe con l'organizzazione liberale guidata dai bianchi nel 1968. Secondo lui, l'obiettivo dei leader bianchi di ottenere l'ammissione dei neri alle istituzioni bianche avrebbe sempre posto i neri in una posizione di inferiorità.

Steve Biko credeva che la società sudafricana dovesse essere completamente ristrutturata intorno alle culture e agli interessi della maggioranza, non semplicemente riformata per permettere la partecipazione dei neri.

Dopo la sua partenza dal NUSAS, Biko formò la South African Students' Organization (SASO). Il gruppo organizzò gli studenti intorno alla filosofia della coscienza nera. Identificava due livelli di oppressione dell'apartheid - le forze esterne che sottoponevano i neri all'ingiustizia economica e sociale, e l'interiorizzazione della sottomissione, che faceva sentire e agire i neri inferiori ai bianchi. Biko fu eletto primo presidente del SASO nel 1969. Nel 1972 aiutò a fondare un altro gruppo di attivisti, la Black Peoples Convention (BPC).

Nel marzo 1973 Biko e altri sette leader della SASO furono banditi - gli fu proibito di viaggiare, parlare in pubblico, scrivere per la pubblicazione, o incontrarsi con più di un membro non familiare alla volta. Biko continuò a scrivere articoli e a tenere discorsi, tuttavia, e fondò la sezione del Capo orientale del BPC mentre era sotto divieto.

Biko fu accusato più volte in base alla legislazione sulla sicurezza, ma non fu mai condannato. Nel 1976 fu imprigionato per 101 giorni e fu rilasciato senza essere accusato. Il 18 agosto 1977, Biko fu nuovamente arrestato. Meno di quattro settimane dopo, l'11 settembre, Biko fu trovato nudo, ammanettato e senza identificazione, fuori da un ospedale di Pretoria, a circa 700 miglia (1.100 chilometri) da Port Elizabeth. Morì in custodia il giorno seguente per una massiccia emorragia cerebrale.

Durante una prima inchiesta sulla morte di Biko, la polizia negò qualsiasi maltrattamento di Biko. Insistettero che Biko, durante il suo arresto, era andato su tutte le furie e si era inflitto le ferite da solo scagliando il suo corpo contro un muro. Anche se la polizia tentò di nascondere il cadavere di Biko, sua moglie, Nontsikelelo Mashalaba, trovò il corpo. Le fotografie del corpo rivelarono che molto probabilmente era stato pesantemente picchiato mentre era in custodia. All'epoca, gli agenti che ebbero accesso a Biko furono scagionati da qualsiasi atto illecito.

Nel gennaio 1997 fu fatta nuova luce sulla morte di Steve Biko quando cinque ex agenti di polizia confessarono di averlo ucciso. Le confessioni sono state fatte alla Commissione sudafricana per la verità e la riconciliazione, che ha offerto al gruppo un'amnistia politica in cambio di prove di altri crimini commessi durante il periodo di segregazione razziale. I rappresentanti della commissione, che è stata incaricata di condurre indagini sui crimini dell'era dell'apartheid, hanno rifiutato di rivelare le identità o il numero esatto degli agenti di polizia sotto esame.

Nel 1999 la commissione stabilì che l'amnistia non sarebbe stata concessa. La vita e la morte di Steve Biko sono state eloquentemente descritte nel libro Biko del 1977, un libro di memorie scritto dall'amico di Biko, il giornalista sudafricano Donald Woods. Il libro fu poi adattato nel film Cry Freedom (1987).

In evidenza

- Steve Biko, in pieno Bantu Stephen Biko fu il fondatore del Movimento della Coscienza Nera in Sudafrica.
- La polizia inizialmente negò qualsiasi maltrattamento di Biko; fu determinato in seguito che probabilmente era stato pesantemente picchiato mentre era in custodia, ma gli agenti coinvolti furono scagionati.
- La sua morte per le ferite subite durante la custodia della polizia lo rese un martire internazionale per il nazionalismo nero sudafricano.

Domande di ricerca

1. Quali sono alcuni fatti interessanti su Steve Biko che la maggior parte delle persone non conosce?
2. Biko ha realizzato i suoi obiettivi e i suoi sogni? Se sì, come ci è riuscito?
3. Se Steve Biko fosse vivo oggi, cosa gli chiederebbe?

Nelson Mandela (1918-2013)

Presidente del Sudafrica

"Non giudicatemi dal mio successo, giudicatemi da quante volte sono caduto e mi sono rialzato".

Nel gennaio 1990 Nelson Mandela stava scontando il suo 27° anno come prigioniero politico in Sudafrica. Fu liberato il mese successivo e nell'aprile 1994 fu eletto presidente del paese. Mandela era un leader nella lotta contro l'apartheid - il sistema ufficiale del Sudafrica di segregazione e discriminazione contro la maggioranza non bianca del paese.

Nelson Mandela è diventato un simbolo mondiale della vittoria contro quel sistema quando è stato liberato dalla sua condanna a vita in prigione. Mandela è stato presidente del Sudafrica dal 1994 al 1999.

Nelson Mandela è nato nella famiglia reale dei Tembu, un popolo di lingua Xhosa, il 18 luglio 1918, vicino a Umtata, nella regione Transkei del Sudafrica. Il suo nome originario era Rolihlahla Mandela; uno dei suoi insegnanti di scuola gli diede il nome inglese Nelson. In parte per evitare un matrimonio combinato, Mandela rinunciò al suo diritto di diventare capo dei Tembu e lasciò il suo villaggio.

Mandela studiò all'University College di Fort Hare ma fu sospeso nel 1940 insieme a Oliver Tambo per aver preso parte a una protesta studentesca. Ottenne una laurea all'Università del Sudafrica nel 1941 e iniziò a studiare legge. Nel 1952 lui e Tambo aprirono il primo studio legale di proprietà di neri in Sudafrica.

Nel 1944 Mandela si unì a un'organizzazione per la liberazione dei neri chiamata African National Congress (ANC) e contribuì a fondare la sua influente Lega della Gioventù. Mandela salì rapidamente ad una posizione di leadership nell'ANC, diventando membro del suo Comitato Esecutivo Nazionale nel 1949.

La prima condanna in carcere di Nelson Mandela, che fu sospesa, fu per aver aiutato a guidare la Campagna di Sfida della ANC del 1952, in cui migliaia di volontari violarono pacificamente le leggi sull'apartheid. Insieme a molti altri leader della ANC, Mandela fu arrestato e processato per tradimento nel 1956. Dopo un lungo processo, fu assolto nel 1961. Mandela divorziò dalla sua prima moglie e sposò Nomzamo Winnie Madikizela (Winnie Mandela) nel 1958 (divorziarono nel 1996).

Le proteste anti-apartheid della ANC all'inizio erano state completamente non violente. Nel 1960, tuttavia, dopo che la polizia sparò a più di 200 manifestanti neri disarmati a Sharpeville e il governo mise al bando la ANC, Mandela iniziò a sostenere atti di sabotaggio. Aiutò a fondare un'ala militare della ANC, chiamata Umkhonto we Sizwe (Lancia della Nazione), e divenne un fuggitivo.

Nel 1962 Nelson Mandela fu catturato e condannato a cinque anni di prigione. Un anno dopo, mentre stava ancora scontando quella pena, fu processato per sabotaggio, tradimento e cospirazione violenta, e nel 1964 fu condannato all'ergastolo. Mandela fu tenuto nella prigione di Robben Island, al largo di Città del Capo, fino al 1982, quando fu trasferito nella prigione di massima sicurezza di Pollsmoor. Winnie Mandela guidò una campagna per la sua liberazione, che ottenne un vasto sostegno sia tra la popolazione nera del Sudafrica che tra la comunità internazionale che condannava l'apartheid. Mandela fu liberato l'11 febbraio 1990 dall'amministrazione del presidente F.W. de Klerk.

Una volta liberato, Mandela continuò con vigore il lavoro per porre fine all'apartheid. Divenne vicepresidente dell'ANC nel marzo 1990 e presidente nel luglio 1991. In questa carica, negoziò accordi storici con de Klerk per portare alla trasformazione pacifica del Sudafrica in una democrazia a maggioranza. Mandela e de Klerk hanno condiviso il premio Nobel per la pace del 1993 per i loro risultati.

Insieme a milioni di altri sudafricani neri, Mandela votò per la prima volta nelle elezioni che lo portarono al potere nell'aprile 1994. Durante la sua presidenza, Mandela si concentrò sul miglioramento degli standard di vita della popolazione nera del paese, mentre sosteneva la riconciliazione pacifica con la popolazione bianca. Nel 1995 istituì la Commissione per la Verità e la Riconciliazione (TRC) per indagare sulle violazioni dei diritti umani commesse durante l'apartheid.

Mandela ha firmato una nuova costituzione democratica nel 1996. L'anno successivo si dimise dal suo incarico con l'ANC. Mandela si ritirò dalla politica attiva nel 1999, dopo la fine del suo mandato come presidente del paese. Mandela sposò Graça Machel, la vedova dell'ex presidente del Mozambico Samora Machel, nel 1998.

Gli scritti e i discorsi di Nelson Mandela sono stati raccolti in No Easy Walk to Freedom (1965), I Am Prepared to Die, 4th rev. ed. (1979), e The Struggle Is My Life, 3rd ed. (1990). La sua autobiografia, Long Walk to Freedom, è stata pubblicata nel 1994. Mandela è morto il 5 dicembre 2013 a Johannesburg, Sudafrica.

In evidenza

- Nelson Mandela, per esteso Nelson Rolihlahla Mandela, detto Madiba, è stato un nazionalista nero e il primo presidente nero del Sudafrica (1994-1999).

- Nell'aprile 1994 l'ANC guidata da Mandela vinse le prime elezioni del Sudafrica a suffragio universale, e il 10 maggio Mandela prestò giuramento come presidente del primo governo multietnico del paese.
- L'11 febbraio 1990, il governo sudafricano sotto il presidente de Klerk rilasciò Mandela dalla prigione.
- Mandela e de Klerk hanno ricevuto insieme il premio Nobel per la pace nel 1993 per i loro sforzi.

Domande di ricerca

---

1. Quale delle qualità di Mandela ha trovato più stimolante?
2. Come ti ha fatto sentire la condanna di Mandela?
3. Come ha passato tutto il tempo in prigione?
4. Qual è la tua citazione preferita o la lezione morale di Nelson Mandela che ti ha colpito più profondamente e come ha cambiato il tuo modo di vivere la vita oggi?

Ahmed Sekou Touré (1922-1984)

Primo presidente della Guinea

"Preferiamo la povertà nella libertà che la ricchezza nella schiavitù".

Quando la Guinea divenne il primo stato africano francofono indipendente il 2 ottobre 1958, il suo primo presidente fu Ahmed Sékou Touré. Rimase in carica fino alla sua morte il 26 marzo 1984, durante un'operazione al cuore in un ospedale di Cleveland, Ohio. Una settimana dopo la dittatura che aveva instaurato fu rovesciata da un colpo di stato militare guidato dal colonnello Lansana Conté.

Touré è nato a Faranah, Guinea, il 9 gennaio 1922. Già ribelle, fu cacciato da scuola a Conakry nel 1936 per aver guidato una rivolta per il cibo. Nel 1941 lavorava per il servizio postale, dove divenne molto interessato al movimento operaio. Organizzò il primo sciopero di successo nell'Africa occidentale francese.

Divenne attivo in politica nel 1946. Nel 1951 Touré fu eletto all'Assemblea Nazionale Francese, ma non gli fu permesso di entrare in carica e fu anche escluso dopo la rielezione nel 1954. Gli fu permesso di entrare in carica nel 1956, e nel 1957 era vice presidente del Consiglio Esecutivo della Guinea. In quella posizione guidò la campagna di successo per l'indipendenza dalla Francia.

Quando i francesi se ne andarono, la Guinea fu minacciata dal collasso economico. Touré accettò aiuti dalle nazioni del blocco sovietico e dall'Occidente. Moderato in politica estera, impostò politiche dure in patria e limitò severamente le forze di opposizione all'interno del paese. Fu ripetutamente rieletto senza opposizione.

Nonostante la sua dura politica interna, Ahmed Sékou Touré era visto nella politica internazionale come un leader islamico moderato. Nel 1982 Touré guidò la delegazione inviata dall'Organizzazione della Conferenza Islamica per mediare nella guerra Iran-Iraq; fu anche membro dell'Organizzazione per l'Unità Africana (OUA). Touré morì il 26 marzo 1984 a Cleveland, Ohio.

In evidenza

- Sékou Touré, per esteso Ahmed Sékou Touré è stato il primo presidente della Repubblica di Guinea (1958-1984) e un importante politico africano.
- Nonostante la sua dura politica interna, Touré era visto nella politica internazionale come un leader islamico moderato.
- Nel 1982 guidò la delegazione inviata dalla Islāmic Conference Organization per mediare nella guerra Iran-Iraq; fu anche membro della Organization for African Unity (OAU).

Domande di ricerca

---

1. Come ti ispira Ahmed Sekou Touré?

2. Cosa ha fatto per contribuire a creare una Guinea indipendente?
3. Che cosa pensa del paese della Guinea?

Kofi Annan (1938-2018)

Segretario generale delle Nazioni Unite

"L'educazione è un diritto umano con un immenso potere di trasformazione. Sulle sue fondamenta poggiano le pietre miliari della libertà, della democrazia e dello sviluppo umano sostenibile".

Il primo africano nero a ricoprire la carica di segretario generale delle Nazioni Unite (ONU) fu Kofi Annan. Il diplomatico di carriera parlava diverse lingue africane, inglese e francese ed era molto rispettato nella comunità internazionale. Ha vinto il premio Nobel per la pace nel 2001.

Kofi Atta Annan è nato a Kumasi, Costa d'Oro (ora Ghana), l'8 aprile 1938, da Henry e Victoria Annan. La sua famiglia proveniva dalla costa del capo sull'Oceano Atlantico, ma Annan trascorse la maggior parte della sua infanzia nella città interna di Bekwai. Suo padre era il governatore eletto della provincia di Ashanti ed era un capo del popolo Fante.

Il più giovane Annan studiò all'Università di Scienza e Tecnologia di Kumasi e vinse una borsa di studio della Fondazione Ford che gli permise di studiare negli Stati Uniti al Macalester College in Minnesota. Mentre studiava economia lì, nel 1960, Kofi Annan vinse il concorso oratorio statale del Minnesota. Ha ricevuto un certificato post-laurea in economia dall'Istituto di Studi Internazionali Avanzati di Ginevra, Svizzera.

Dal 1962 al 1971 Annan ha lavorato per l'ONU come funzionario dell'amministrazione e del bilancio dell'Organizzazione Mondiale della Sanità a Ginevra. Ha ricevuto un master in management dal Massachusetts Institute of Technology nel 1972, dove è stato un Alfred P. Sloan fellow. Dal 1974 al 1976 Annan è stato amministratore delegato della Ghana Tourist Development Company. Quelli furono i suoi unici anni lontano dall'ONU.

La carriera di Annan fino al timone dell'ONU è passata da lavori quotidiani come assistente del segretario generale per la pianificazione dei programmi, il bilancio e le finanze, a capo delle risorse umane e coordinatore della sicurezza, direttore del bilancio, capo del personale dell'alto commissario per i rifugiati e funzionario amministrativo della Commissione economica per l'Africa.

Quando l'Iraq invase il Kuwait nel 1990, Annan fu responsabile di far uscire dal Kuwait centinaia di migliaia di lavoratori asiatici. È stato responsabile delle operazioni di mantenimento della pace delle Nazioni Unite come sottosegretario a partire dal marzo 1993. Annan ha anche servito come rappresentante speciale delle Nazioni Unite nell'ex Jugoslavia. Kofi Annan è stato ampiamente lodato per la sua diplomazia nell'attuazione dell'accordo tra serbi, musulmani e croati bosniaci. Annan ha anche guidato le operazioni di mantenimento della pace in Burundi, Somalia e Zaire (ora Repubblica Democratica del Congo).

Dopo quasi quattro decenni di servizio alle Nazioni Unite, Annan è stato nominato alla guida dell'organizzazione, segnando la prima volta che un segretario generale è stato eletto dai ranghi del personale dell'ONU. È succeduto a Boutros Boutros-Ghali nel dicembre 1996 come settimo segretario generale permanente dell'ONU dopo un periodo di nomina controverso durante il quale gli Stati Uniti sono stati l'unico paese membro a posizionarsi contro la rielezione di Boutros-Ghali.

Kofi Annan guadagnò rapidamente il sostegno del Consiglio di Sicurezza dopo che altri tre candidati africani in considerazione ritirarono i loro nomi dalla lista dei candidati nella speranza di costruire un consenso per un segretario generale proveniente dall'Africa. Annan fu eletto per acclamazione e si mise subito al lavoro su un piano di riforma da istituire nel 1997.

La visione di Annan per l'ONU includeva il mantenimento della pace e la definizione di norme per il diritto internazionale, con un'enfasi sui valori di uguaglianza, tolleranza e dignità umana, come richiesto dalla carta delle Nazioni Unite. Ha portato un profondo impegno per un'ONU più efficiente e più snella e una difesa inflessibile dei diritti umani universali. Una delle sue prime sfide come segretario generale fu quella di convincere gli Stati Uniti a cominciare a pagare gli 1,4 miliardi di dollari di debiti arretrati che il paese doveva. Annan considerava la lotta contro l'HIV/AIDS una priorità personale, e chiese la creazione di un fondo globale per aiutare ad aumentare il flusso di denaro per l'assistenza sanitaria nei paesi in via di sviluppo.

Annan ha usato la sua influenza in diverse situazioni politiche. Tra questi, i suoi sforzi per convincere l'Iraq a conformarsi alle decisioni del Consiglio di Sicurezza e il suo ruolo nell'effettuare la transizione verso un governo civile in Nigeria. Nel 1999 Annan ha facilitato una risposta internazionale alla violenza diffusa a Timor Est. Non contento di concentrarsi solo sui diritti dei cittadini di tutto il mondo, Annan cercò anche di migliorare la posizione delle donne che lavoravano nel Segretariato delle Nazioni Unite, e cominciò a costruire relazioni più forti con le organizzazioni non governative.

Nel giugno 2001 Kofi Annan è stato riconfermato all'unanimità per un secondo mandato come segretario generale. Più tardi quell'anno, il comitato del Nobel ha conferito il premio Nobel per la pace congiuntamente ad Annan e all'ONU in quello che era il 100° anniversario del venerabile premio.

Nel 2005 Annan fu al centro di controversie in seguito a un'indagine sul programma "petrolio in cambio di cibo". Quel programma aveva permesso all'Iraq, sotto la supervisione dell'ONU, di vendere una certa quantità di petrolio per acquistare cibo, medicine e altre necessità. Un rapporto descrisse una grande corruzione all'interno del programma e rivelò che il figlio di Annan faceva parte di un'azienda svizzera che aveva vinto un contratto "oil-for-food". Sebbene Annan sia stato prosciolto da ogni illecito, è stato criticato per la sua incapacità di supervisionare adeguatamente il programma. Il secondo mandato di Kofi Annan alla guida delle Nazioni Unite è terminato nel 2006.

Nel 2007 Kofi Annan è stato nominato presidente dell'Alliance for a Green Revolution in Africa, un'organizzazione che aiuta i piccoli agricoltori. Lo stesso anno ha fondato la Fondazione Kofi Annan, un'organizzazione no-profit che promuove la pace, lo sviluppo sostenibile, i diritti umani e lo stato di diritto.

Kofi Annan ha continuato a giocare un ruolo nella diplomazia internazionale. Ha aiutato a risolvere la crisi elettorale keniota iniziata alla fine del 2007, mediando alla fine un accordo di condivisione del potere tra il governo e l'opposizione nel febbraio 2008. Nel 2012 Annan ha servito come inviato speciale congiunto per la Siria, che era devastata dalla guerra civile, ma Annan non è stato in grado di risolvere il conflitto.

Kofi Annan è coautore di diverse opere. Il suo libro di memorie Interventi: A Life in War and Peace (scritto insieme a Nader Mousavizadeh) è stato pubblicato nel 2012. Annan è morto il 18 agosto 2018 a Berna, in Svizzera.

In evidenza

- Kofi Annan, per esteso Kofi Atta Annan è stato un funzionario internazionale ghanese, segretario generale delle Nazioni Unite (ONU) dal 1997 al 2006.
- Ha giocato un ruolo cruciale nel risolvere la crisi elettorale keniota iniziata a fine dicembre 2007, mediando alla fine un accordo di condivisione del potere tra il governo e l'opposizione il 28 febbraio 2008.
- Nel 2007 ha fondato la Fondazione Kofi Annan, un'organizzazione no profit che promuove la pace, lo sviluppo sostenibile, i diritti umani e lo stato di diritto.
- Nel febbraio 2012 Annan è stato nominato inviato speciale congiunto per la Siria dalle Nazioni Unite e dalla Lega degli Stati Arabi.

Domande di ricerca

1. Cosa hai imparato su Kofi?
2. Pensi che abbia mai dubitato di se stesso mentre faceva questo lavoro?
3. In che modo l'essere stato influenzato dal lavoro di suo padre con la politica ghanese ha influenzato la sua visione della vita e le decisioni di carriera che ha preso più tardi nella vita, come diventare segretario generale dell'ONU o essere contro le sanzioni all'Iraq?

Albert John Luthuli (1898-1967)

Insegnante, attivista, premio Nobel per la pace e politico sudafricano

"Devi imparare le regole del gioco. E poi devi giocare meglio di chiunque altro".

Per i suoi sforzi nel condurre una campagna nonviolenta contro la discriminazione razziale in Sudafrica, Albert Luthuli divenne nel 1960 il primo africano a ricevere il premio Nobel per la pace. Ironicamente, la politica della nonviolenza fu abbandonata da alcuni sudafricani entro un mese dalla sua accettazione del premio nel 1961.

Albert John Mvumbi Luthuli, membro della tribù Zulu del Natal, nacque nel 1898 in Rhodesia (oggi Zimbabwe), dove suo padre serviva come interprete missionario. Quando Albert aveva 10 anni si trasferì in Sudafrica dopo la morte del padre e imparò le tradizioni Zulu.

Albert Luthuli è stato educato in un college di formazione per insegnanti vicino a Durban. Dopo la laurea divenne uno dei primi tre istruttori africani della scuola. Nel 1936 Luthuli lasciò l'insegnamento quando fu eletto capo della comunità zulu di Groutville. Anche se governava una terra afflitta dalla povertà e dalla fame, non era ancora consapevole della necessità di un'azione politica per risolvere i problemi del suo popolo.

Fu solo nel 1945 che Luthuli si unì ad un'organizzazione politica attiva, l'African National Congress. Un anno dopo Luthuli fu eletto al Natives Representative Council. La violenza da parte dell'esercito e della polizia contro i minatori africani in sciopero indusse la sua prima protesta politica. Nel 1948 il partito nazionalista afrikaner salì al potere, determinato ad applicare una politica di apartheid, o separazione razziale.

In questo periodo Luthuli fu eletto presidente del Natal African National Congress. La sua opposizione alla segregazione portò alla richiesta che si dimettesse dalla sua carica o si dimettesse dalla sua posizione di capo Zulu. Egli rifiutò e fu deposto come capo nel 1952, lo stesso anno in cui divenne presidente generale dell'African National Congress.

A causa del suo attivismo, Albert Luthuli e molti altri furono arrestati e processati per tradimento nel 1956. Luthuli non fu condannato, ma il governo vietò le sue attività e lo confinò nel suo quartiere. Dopo aver ricevuto il premio Nobel, si ritirò dalla vita politica e visse in isolamento forzato. Albert Luthuli morì quando fu colpito da un treno il 21 luglio 1967.

In evidenza

- Albert John Luthuli è stato il primo africano a ricevere il premio Nobel per la pace (1960), in riconoscimento della sua lotta non violenta contro la discriminazione razziale.
- Nel dicembre 1956 Luthuli e altre 155 persone furono drammaticamente radunate e accusate di alto tradimento.
- Il suo lungo processo non riuscì a provare il tradimento, una cospirazione comunista o la violenza, e nel 1957 fu rilasciato.

Domande di ricerca

1. Quale direbbe che è il più grande risultato del signor Luthuli?
2. Qual è la tua citazione preferita della conferenza di Albert Luthuli?
3. Perché pensa che credesse così fortemente nella giustizia per tutte le persone, bianche o nere?

Martin Luther King Jr. (1929-1968)

Leader religioso americano e attivista dei diritti civili

"Un giorno impareremo che il cuore non può mai essere totalmente giusto quando la testa è totalmente sbagliata".

Martin Luther King, Jr. è stato un ministro battista americano e un attivista sociale. Ispirato dalla convinzione che l'amore e la protesta pacifica potessero eliminare l'ingiustizia sociale, guidò il movimento americano per i diritti civili degli anni '50 e '60. King organizzò proteste di massa contro la discriminazione razziale e parlò contro la povertà e la guerra. Campione della resistenza non violenta all'oppressione, Martin Luther King, Jr. ricevette il premio Nobel per la pace nel 1964.

La leadership di King fu un fattore chiave nel successo del movimento per i diritti civili. Prima del movimento, era legale e comune che agli afroamericani nel Sud e in altre parti degli Stati Uniti fosse vietato l'uso delle stesse strutture pubbliche dei bianchi. I neri in quelle aree generalmente non potevano andare nelle stesse scuole, ristoranti o bagni pubblici dei bianchi, per esempio. Sugli autobus e sui treni, potevano viaggiare solo in certe sezioni.

Martin Luther King, Jr. guidò molte proteste contro questa separazione razziale forzata, o segregazione. Una delle maggiori conquiste del movimento per i diritti civili fu rendere illegale la segregazione. Un altro fu il passaggio di nuove leggi che proibivano la discriminazione.

Martin Luther King, Jr. nacque ad Atlanta, Georgia, il 15 gennaio 1929. Suo padre, Martin, Sr., era il pastore della Ebenezer Baptist Church, una congregazione nera. Sua madre, Alberta Williams King, era un'insegnante. Martin aveva una sorella maggiore, Christine, e un fratello minore, Alfred Daniel.

King ha incontrato il razzismo in tenera età. Quando aveva sei anni, la sua amicizia con due compagni di gioco bianchi fu interrotta dai loro genitori. King non ha mai dimenticato questo incidente.

Studente brillante, King fu ammesso al Morehouse College all'età di 15 anni, senza aver completato la scuola superiore. Prima di iniziare il college, però, King passò l'estate in una fattoria di tabacco nel Connecticut. Rimase scioccato da quanto pacificamente le razze si mescolassero nel Nord.

Martin Luther King, Jr. scrisse ai suoi genitori di come i neri e i bianchi frequentassero le stesse chiese e gli stessi ristoranti, notando: "Non ho mai [pensato] che una persona della mia razza potesse mangiare ovunque". Questa esperienza approfondì l'odio crescente di King verso la segregazione razziale.

King decise di diventare un ministro e a 18 anni fu ordinato nella chiesa di suo padre. Dopo essersi laureato a Morehouse nel 1948, entrò al Crozer

Theological Seminary a Chester, Pennsylvania. Rinomato per le sue capacità di parlare in pubblico, King fu eletto presidente del corpo studentesco di Crozer, che era composto quasi interamente da studenti bianchi.

King fu il valedictorian della sua classe nel 1951 e vinse una borsa di studio per laureati. Alla Boston University ricevette un dottorato in teologia nel 1955. A Boston, King incontrò Coretta Scott. Si sposarono nel 1953 ed ebbero quattro figli: Yolanda Denise, Martin Luther III, Dexter Scott e Bernice Albertine.

King era stato colpito dagli insegnamenti di Henry David Thoreau e del Mahatma Gandhi sulla resistenza non violenta. King scrisse: "Arrivai a sentire che questo era l'unico metodo moralmente e praticamente valido a disposizione dei popoli oppressi nella loro lotta per la libertà". Martin Luther King, Jr. divenne pastore della Dexter Avenue Baptist Church a Montgomery, Alabama, nel 1954.

Nel dicembre 1955 King fu scelto per dirigere la Montgomery Improvement Association, formata dalla comunità nera per guidare un boicottaggio degli autobus segregati della città. Il boicottaggio avvenne dopo che una donna nera di nome Rosa Parks si rifiutò di cedere il suo posto sull'autobus a un uomo bianco. Questa azione era contro la legge locale e la Parks fu arrestata.

In risposta, Martin Luther King, Jr. guidò il boicottaggio degli autobus di Montgomery. Durante il boicottaggio, la gente protestava contro la segregazione rifiutando di salire sugli autobus della città. La campagna durò più di un anno. Durante questo periodo la casa di King fu bombardata. Ciononostante, egli convinse i suoi seguaci a rimanere nonviolenti nonostante le minacce alle loro vite e alle loro proprietà. Alla fine del 1956 la Corte Suprema degli Stati Uniti stabilì che la segregazione sugli autobus era incostituzionale. Di conseguenza, gli autobus furono desegregati.

Il successo a Montgomery ispirò altre comunità afroamericane del Sud a protestare contro la discriminazione razziale. King credeva che il boicottaggio provasse che "c'è un nuovo negro nel Sud, con un nuovo senso di dignità e destino". Per il suo ruolo nel guidare il boicottaggio, la

National Association for the Advancement of Colored People (NAACP) gli conferì la Spingarn Medal nel 1957.

Nel 1957 King e altri attivisti, in particolare Bayard Rustin, fondarono un gruppo poi noto come Southern Christian Leadership Conference (SCLC). Fu formato per aiutare le organizzazioni locali a portare avanti le attività per i diritti civili nel Sud. Come leader della SCLC, King ispirò i neri di tutto il Sud a tenere sit-in pacifici e altre proteste contro la segregazione.

Una visita in India nel 1959 diede a King la tanto attesa opportunità di studiare le tecniche di protesta non violenta di Gandhi. Nel 1960 King divenne co-pastore della chiesa di suo padre ad Atlanta. L'anno successivo guidò un "esercito nonviolento" per protestare contro la discriminazione ad Albany, in Georgia.

Martin Luther King, Jr. fu imprigionato nel 1963 durante una campagna di successo per ottenere la desegregazione di molte strutture pubbliche a Birmingham, Alabama. In un commovente appello, noto come la "Lettera dalla prigione di Birmingham", rispose a diversi ecclesiastici bianchi che ritenevano che i suoi sforzi fossero inopportuni. King sosteneva che i paesi asiatici e africani stavano velocemente raggiungendo l'indipendenza politica mentre "noi ancora strisciamo a passo di cavallo verso l'ottenimento di una tazza di caffè al banco del pranzo". Nella lettera, King esponeva la sua filosofia della nonviolenza:

Ci si può chiedere: "Perché l'azione diretta? Perché i sit-in, le marce e così via? La negoziazione non è una via migliore?". Avete ragione nel chiedere la negoziazione. In effetti, questo è lo scopo stesso dell'azione diretta. L'azione diretta nonviolenta cerca di creare una tale crisi e favorire una tale tensione che una comunità che ha costantemente rifiutato di negoziare sia costretta a confrontarsi con la questione.

Verso la fine della campagna di Birmingham, King si unì ad altri leader dei diritti civili per organizzare la storica Marcia su Washington. Più di 200.000 persone parteciparono alla manifestazione, che ebbe luogo il 28 agosto 1963. Si riunirono pacificamente vicino al Lincoln Memorial, a Washington, D.C., per chiedere una giustizia uguale per tutti i cittadini secondo la legge. Importanti leader dei diritti civili fecero discorsi, e il più memorabile fu quello di King. La folla fu sollevata dal suo ormai famoso discorso "I Have a Dream".

In questo discorso, espresse la sua fede che tutti gli uomini, un giorno, sarebbero stati fratelli. Ha collegato le speranze degli afroamericani per l'uguaglianza dei diritti con i tradizionali valori politici americani. King disse che la Dichiarazione d'Indipendenza e la Costituzione comprendevano "una cambiale" che garantiva a tutti gli americani "i diritti inalienabili della vita, della libertà e della ricerca della felicità".

Uno degli obiettivi della Marcia su Washington era quello di mostrare e ispirare il sostegno per le principali leggi sui diritti civili che venivano prese in considerazione dal Congresso. Come King aveva sperato, la marcia ebbe un forte effetto sull'opinione nazionale e portò al passaggio del Civil Rights Act del 1964. L'atto mise fuori legge molti tipi di discriminazione, anche nelle strutture di proprietà pubblica e nel lavoro.

Più tardi, nel 1964, Martin Luther King, Jr. divenne il più giovane destinatario del premio Nobel per la pace fino a quella data. Lo considerava non solo un onore personale, ma anche un tributo internazionale al movimento nonviolento per i diritti civili.

Nel 1965 King guidò una campagna per registrare gli elettori neri a Selma, in Alabama. L'iniziativa incontrò una violenta resistenza. Per protestare contro questo trattamento, migliaia di dimostranti condussero una marcia di cinque giorni da Selma al Campidoglio di Montgomery.

King era deluso dal fatto che il progresso dei diritti civili nel Sud non era stato accompagnato da miglioramenti nella vita dei neri del Nord. In risposta alle rivolte nei quartieri urbani neri colpiti dalla povertà nel 1965, era determinato a concentrare l'attenzione del paese sulle condizioni di vita dei neri nelle città del Nord.

Nel 1966 Martin Luther King, Jr. stabilì un quartier generale in un appartamento nei bassifondi di Chicago, Illinois. Da questa base organizzò proteste contro la discriminazione della città negli alloggi e nel lavoro.

King combinò le sue campagne per i diritti civili con una forte presa di posizione contro la guerra del Vietnam. Credeva che il denaro e gli sforzi spesi per la guerra potessero essere usati per combattere la povertà e la discriminazione. Sentiva che sarebbe stato un ipocrita se avesse protestato contro la violenza razziale senza condannare anche la violenza della guerra. I leader neri militanti iniziarono ad attaccare i suoi appelli alla nonviolenza. Lo accusarono di essere troppo influenzato dai bianchi. I funzionari del governo criticarono la sua posizione sul Vietnam. Alcuni leader neri sentivano che le dichiarazioni di King contro la guerra distoglievano l'attenzione pubblica dai diritti civili.

King ispirò e pianificò la Poor People's Campaign, una marcia su Washington D.C. nel 1968 per drammatizzare la relazione tra povertà e violenza urbana. Ma non visse per prendervi parte. All'inizio del 1968 si recò a Memphis, nel Tennessee, per sostenere uno sciopero di operai sanitari mal pagati. Lì, il 4 aprile, Martin Luther King, Jr. fu assassinato da un cecchino, James Earl Ray. La morte di King scioccò il paese e precipitò le rivolte dei neri in molte città.

Martin Luther King, Jr. è stato sepolto ad Atlanta sotto un monumento con incise le parole finali del suo discorso "I Have a Dream". Tratta da una vecchia canzone degli schiavi, l'iscrizione recitava: "Libero alla fine, / Libero alla fine, / Grazie a Dio Onnipotente, / Sono libero alla fine".

La breve carriera di King ha fatto progredire notevolmente la causa dei diritti civili negli Stati Uniti. I suoi sforzi spronarono il passaggio del Civil Rights Act del 1964 e il Voting Rights Act del 1965. La sua personalità energica e la sua persuasiva oratoria aiutarono a unire molti neri nella ricerca di soluzioni pacifiche all'oppressione razziale. Anche se le opinioni di King furono contestate dai neri che avevano perso la fede nella nonviolenza, la sua fede nel potere della protesta nonviolenta rimase forte. I suoi scritti includono Stride Toward Freedom: the Montgomery Story (1958); Strength to Love (1963); Why We Can't Wait (1964); e Where Do We Go from Here: Caos o comunità? (1967).

Nel 1977 King fu insignito postumo della Medaglia presidenziale della libertà per la sua battaglia contro il pregiudizio. Nel 1983 il Congresso degli Stati Uniti ha istituito una festa nazionale, Martin Luther King, Jr, Day, in suo onore, da celebrarsi ogni anno il terzo lunedì di gennaio. La festa è stata osservata per la prima volta nel 1986. Un memoriale nazionale in onore di King è stato aperto a Washington, D.C., nel 2011.

In evidenza

- Martin Luther King, Jr, nome originale Michael King, Jr, è stato un ministro battista e attivista sociale che ha guidato il movimento per i diritti civili negli Stati Uniti dalla metà degli anni '50 fino alla sua morte per assassinio nel 1968.
- La sua leadership fu fondamentale per il successo di quel movimento nel porre fine alla segregazione legale degli afroamericani nel Sud e in altre parti degli Stati Uniti.
- Riconoscendo che attivisti di base come Rosa Parks, Fred Shuttlesworth e altri hanno preparato la strada per l'ascesa di King alla ribalta nazionale, i biografi e gli storici hanno messo in discussione l'idea che i movimenti di protesta neri del sud si siano affidati alla guida carismatica di King.

Domande di ricerca

---

1. Avete mai avuto un giorno MLK libero da scuola?
2. Qual è l'eredità di Martin Luther King Jr. negli Stati Uniti?
3. Il sogno di MLK rimane ancora incompiuto? (Anche dopo i movimenti per i diritti umani)
4. E le persone che non l'hanno accettato come eroe, come si sente nei loro confronti?
5. Come possono le sue parole essere ancora rilevanti nella società di oggi?

James Farmer (1920-1999)

Leader dei diritti civili

"Facciamo quello che dobbiamo per poter fare quello che vogliamo"

James Farmer guidò il Congress of Racial Equality (CORE) e introdusse i sit-in non violenti e le Freedom Rides che divennero simboli del movimento per i diritti civili dei primi anni '60. I suoi sforzi, insieme a quelli di altri, portarono al passaggio del Civil Rights Act e del Voting Rights Act del 1964 e del 1965.

James Leonard Farmer è nato il 12 gennaio 1920 a Marshall, Tex. È cresciuto a Holly Springs, Miss, dove il padre ministro insegnava teologia al Rust College per soli neri. Farmer ha studiato al Wiley College in Texas e alla Howard University di Washington, D.C. Influenzato dai metodi non violenti del leader indiano Mahatma Gandhi, ha contribuito a fondare il CORE nel 1942.

Dopo che il Sud ignorò la decisione della Corte Suprema degli Stati Uniti del 1946 che dichiarava incostituzionali i posti a sedere segregati sugli autobus interstatali, il CORE protestò con il primo Freedom Ride in cui neri e bianchi viaggiavano insieme. Nel maggio 1961 il CORE organizzò un altro Freedom Ride. I corridori furono picchiati e attaccati dalla folla. Solo dopo che il procuratore generale degli Stati Uniti Robert Kennedy ordinò ai funzionari statali di fornire protezione, il giro poté essere completato, dopo di che James Farmer trascorse 40 giorni nelle prigioni del Mississippi.

Farmer è stato direttore nazionale del CORE dal 1961 al 1966, dopo di che si è candidato al Congresso degli Stati Uniti da Brooklyn, N.Y.; è stato assistente segretario del Dipartimento della Salute, dell'Educazione e del Welfare; ha scritto libri sul lavoro e sulle relazioni razziali e ha insegnato in diversi college.

Nel 1998 fu insignito della Medaglia presidenziale della libertà dal presidente Bill Clinton. James Farmer è morto il 9 luglio 1999 a Fredericksburg, Va.

In evidenza

- James Farmer, per esteso James Leonard Farmer, Jr. è stato un attivista americano per i diritti civili che, come leader del Congress of Racial Equality (CORE), ha contribuito a plasmare il movimento per i diritti civili attraverso il suo attivismo non violento e l'organizzazione di sit-in e Freedom Rides, che hanno ampliato il sostegno popolare per il passaggio dei diritti civili e del Voting Rights Act a metà degli anni '60.
- Si dimise dalla direzione del CORE nel 1965, e nel 1968 perse la corsa per un posto alla Camera dei Rappresentanti degli Stati Uniti contro Shirley Chisholm.
- Nel 1969-70 ha servito come assistente segretario per la salute, l'educazione e il benessere sotto il presidente Richard M. Nixon.

- Nel 1985 Farmer ha pubblicato la sua autobiografia, Lay Bare the Heart, e nel 1998 ha ricevuto la Medaglia presidenziale della libertà.

Domande di ricerca

---

1. Qual è il tuo dettaglio preferito di James Farmer?
2. Come pensate che sarebbe se fosse ancora vivo oggi? Il razzismo esisterebbe ancora in America? La povertà sarebbe un problema così importante come lo è oggi?
3. Chi ha influenzato la sua decisione di iniziare il CORE?

Bob Marley (1945-1981)

Cantante e compositore giamaicano

"Quando una porta è chiusa, non sai che un'altra è aperta".

Con la sua band i Wailers, il cantante e compositore giamaicano Bob Marley ha introdotto la musica reggae a un pubblico mondiale. La sua ponderata e continua distillazione delle prime forme ska, rock steady e reggae sbocciò negli anni '70 in un elettrizzante ibrido influenzato dal rock che lo rese una superstar internazionale.

Robert Nesta Marley nacque il 6 febbraio 1945 a Nine Miles, St. Ann, Giamaica. Figlio di un sorvegliante rurale bianco, Norval Sinclair Marley, e della figlia nera di un custos locale (rispettato signorotto dei boschi), l'ex Cedella Malcolm, Bob Marley sarebbe rimasto per sempre il prodotto unico di mondi paralleli: la sua poetica visione del mondo fu modellata dalla campagna, la sua musica dalle dure strade del ghetto di West

Kingston. Da bambino, Marley era noto per la sua timida freddezza, il suo sguardo sorprendente e la sua inclinazione per la lettura della mano.

Nei primi anni dell'adolescenza Marley viveva in una casa popolare sovvenzionata dal governo a Trench Town, una baraccopoli disperatamente povera di West Kingston che veniva spesso paragonata a una fogna a cielo aperto. Nei primi anni sessanta, mentre uno studente faceva un apprendistato come saldatore (insieme al compagno aspirante cantante Desmond Dekker), Marley fu esposto allo ska, un amalgama giamaicano di rhythm and blues americano e ceppi nativi di mento (folk-calypso) che stava prendendo piede a livello commerciale.

Bob Marley era un fan di Fats Domino, dei Moonglows e del cantante pop Ricky Nelson, ma quando nel 1961 ebbe la sua grande occasione di registrare con il produttore Leslie Kong, incise "Judge Not", una ballata vivace che aveva scritto basandosi sulle massime rurali imparate da suo nonno. Tra gli altri suoi primi brani c'era "One Cup of Coffee", un'interpretazione di un successo del 1961 del crooner country texano Claude Gray.

Marley formò anche un gruppo vocale a Trench Town con gli amici che in seguito sarebbero stati conosciuti come Peter Tosh (nome originale Winston Hubert MacIntosh) e Bunny Wailer (nome originale Neville O'Reilly Livingston). Il trio si chiamò The Wailers (perché, come dichiarò Marley, "Abbiamo iniziato piangendo"). Più tardi si unirono al cantante Junior Braithwaite e alle coriste Beverly Kelso e Cherry Green.

Nel dicembre 1963, i Wailers incisero "Simmer Down", una canzone di Marley che aveva usato per vincere un concorso di talento a Kingston. A differenza della giocosa musica mento che andava alla deriva dai portici degli alberghi turistici locali o il pop e il rhythm and blues che filtrava in Giamaica dalle stazioni radio americane, "Simmer Down" era un inno urgente dai quartieri delle baraccopoli della sottoclasse di Kingston. Un enorme successo notturno, giocò un ruolo importante nel rifondere l'agenda per la celebrità nei circoli musicali giamaicani. Non c'era più bisogno di copiare gli stilemi degli intrattenitori d'oltreoceano; era possibile scrivere canzoni crude e senza compromessi per e sulla gente priva di diritti nei bassifondi delle Indie occidentali.

Questa audace presa di posizione trasformò sia Marley che la sua nazione insulare, generando nei poveri urbani un orgoglio che sarebbe diventato una pronunciata fonte di identità (e un catalizzatore di tensioni di classe) nella cultura giamaicana - così come la fede rastafariana dei Wailers, un credo popolare tra la gente impoverita dei Caraibi.

I Wailers fecero bene in Giamaica durante la metà degli anni sessanta con i loro dischi ska, e il materiale reggae creato nel 1969-71 con il produttore Lee Perry aumentò la loro statura. Quando pubblicarono Catch a Fire all'inizio degli anni '70 (il primo album reggae concepito come qualcosa di più di una semplice compilation di singoli), il loro reggae dal sapore unicamente rock guadagnò un pubblico globale. Ha anche fatto guadagnare al carismatico Marley lo status di superstar, che gradualmente ha portato allo scioglimento del trio originale nel 1974 circa.

Nonostante lo scioglimento del gruppo originale, Marley continuò a guidare il gruppo dei Wailers attraverso una serie di album potenti e attuali. A questo punto Marley era anche sostenuto da un trio di vocalist femminili che includeva sua moglie, Rita; lei, come molti dei figli di Marley, più tardi sperimentò il proprio successo discografico. Con canzoni eloquenti come "No Woman No Cry", "Exodus", "Could You Be Loved", "Coming in from the Cold", "Jamming" e "Redemption Song", gli album di riferimento di Marley includono Natty Dread (1974), Live! (1975), Rastaman Vibration (1976), Exodus (1977), Kaya (1978), Uprising (1980) e il postumo Confrontation (1983).

Bob Marley incombeva anche come figura politica e nel 1976 sopravvisse a quello che si credeva fosse un tentativo di assassinio a sfondo politico. Il suo tentativo di mediare una tregua tra le fazioni politiche giamaicane in guerra portò, nell'aprile 1978, al suo concerto di pace "One Love". Nell'aprile 1981, il governo giamaicano conferì a Marley l'Ordine del Merito. Morì di cancro un mese dopo, l'11 maggio 1981, a Miami, in Florida.

Anche se le sue canzoni erano alcune delle più amate e più acclamate dalla critica nel canone popolare, Bob Marley era molto più rinomato da morto che da vivo. Legend (1984), una retrospettiva del suo lavoro, divenne l'album reggae più venduto di sempre, con vendite internazionali di oltre 12 milioni di copie.

In evidenza

- Bob Marley, per esteso Robert Nesta Marley, era un cantautore giamaicano la cui meditata e continua distillazione delle prime forme musicali ska, rock steady e reggae sbocciò negli anni '70 in un elettrizzante ibrido influenzato dal rock che lo rese una superstar internazionale.
- Il tentativo di Marley di mediare una tregua tra le fazioni politiche giamaicane in guerra portò nell'aprile 1978 al suo concerto di pace "One Love".
- Nell'aprile 1981, il governo giamaicano conferì a Marley l'Ordine del Merito.
- Legend (1984), una retrospettiva del suo lavoro, divenne l'album reggae più venduto di sempre, con vendite internazionali di oltre 12 milioni di copie.

Domande di ricerca

---

1. Qual è la tua canzone preferita di Marley e perché?
2. Se potesse cambiare una cosa del mondo attraverso la musica di quest'uomo, quale sarebbe?
3. Per cosa si è battuto a suo tempo?

Il tuo regalo

Hai un libro nelle tue mani.

Non è un libro qualsiasi, è un libro della Student Press Books! Scriviamo di eroi neri, donne che danno potere, mitologia, filosofia, storia e altri argomenti interessanti!

Dato che hai comprato un libro, vogliamo che tu ne abbia un altro gratis.

Tutto ciò di cui hai bisogno è un indirizzo e-mail e la possibilità di iscriverti alla nostra newsletter (il che significa che puoi cancellarti in qualsiasi momento).

Allora, cosa stai aspettando? Iscriviti oggi e richiedi il tuo libro gratis all'istante! Tutto quello che devi fare è visitare il link qui sotto e inserire il tuo indirizzo e-mail. Ti verrà inviato il link per scaricare subito la versione PDF del libro in modo da poterlo leggere offline in qualsiasi momento.

E non preoccupatevi - non ci sono fregature o costi nascosti; solo un buon vecchio omaggio da parte nostra qui a Student Press Books.

Visita subito questo link e iscriviti per ricevere la tua copia gratuita di uno dei nostri libri!

Link: https://campsite.bio/studentpressbooks

Libri

I nostri libri sono disponibili in tutti i principali rivenditori di libri online. Guarda i nostri pacchetti di libri digitali qui: https://payhip.com/studentPressBooksIT

La serie di libri dedicata alla Storia dei Neri.

Benvenuti nella serie di libri dedicata alla storia dei neri. Imparate a conoscere quali sono i punti di riferimento nel panorama nero con queste ispiranti biografie di pionieri e pioniere dell'America, dell'Africa e dell'Europa. Sappiamo tutti che la Storia Nera è importante, ma purtroppo può essere difficile trovare dei buoni materiali da leggere.

Molti di noi hanno familiarità con i più noti protagonisti della cultura popolare e dei libri di storia, ma in questi volumi verranno presentati anche anche uomini e donne neri meno conosciuti di tutto il mondo, le cui storie meritano di essere raccontate. Questi libri biografici vi aiuteranno a capire meglio come le sofferenze e le azioni delle persone hanno plasmato i loro paesi e le loro comunità per le generazioni a venire.

Titoli disponibili:

1. 21 leader neri ispiratori: Le vite di importanti personaggi influenti del 20° secolo: Martin Luther King Jr., Malcolm X, Bob Marley e altri
2. 21 donne nere eccezionali: Storie di donne nere influenti del 20° secolo: Daisy Bates, Maya Angelou e altre

La serie di libri Empowerment Femminile.

Benvenuti alla serie di libri Empowerment femminile. Imparate a conoscere le impavide icone femminili dei tempi moderni con le ispiranti biografie delle pioniere di tutto il mondo. L'empowerment femminile è un argomento importante che merita più attenzione di quanta ne riceva. Per secoli alle donne è stato detto che il loro posto era in casa, ma molte di loro si sono rifiutate di crederlo.

Le donne sono ancora poco rappresentate nei libri di storia, le poche che vengono nominate nei libri di testo di solito tendono ad essere relegate in poche righe. Eppure, la storia è piena di storie di donne forti, intelligenti e indipendenti che hanno superato gli ostacoli e cambiato il corso degli eventi semplicemente perché volevano vivere la loro vita.

Questi libri biografici ti ispireranno insegnandoti anche preziose lezioni sulla perseveranza e il superamento delle avversità! Impara da questi esempi che tutto è possibile se ci si impegna!

Titoli disponibili:

1. 21 donne eccezionali: Le vite delle intrepidi donne che hanno combattuto per la libertà superando tutti i confini: Angela Davis, Marie Curie, Jane Goodall e altre
2. 21 donne ispiratrici: Le vite di donne coraggiose e influenti del 20° secolo: Kamala Harris, Madre Teresa e altre
3. 21 donne fantastiche: Le ispiranti vite di artiste femminili del 20° secolo: Madonna, Yayoi Kusama e altre
4. 21 donne fantastiche: Le vite influenti di audaci donne di scienza del 20° secolo

La serie di libri Leader Mondiali.

Benvenuti nella serie di libri sui leader mondiali. Scopri i protagonisti Reali e i presidenti del Regno Unito, degli Stati Uniti e di altri paesi. Grazie a queste biografie dei Reali, dei Presidenti e dei Capi di Stato, imparerai a conoscere meglio chi sono le persone che hanno avuto il coraggio di guidare una nazione, il tutto correlato da citazioni, curiosità e immagini.

La gente è affascinata dalla storia, dalla politica e da coloro che l'hanno plasmata. Questi libri presentano nuove prospettive sulla vita di tali personaggi importanti. Questa serie è perfetta per chiunque voglia saperne di più sui grandi leader del nostro mondo: giovani lettori ambiziosi e adulti che amano leggere di persone interessanti.

Titoli disponibili:

1. Gli 11 reali britannici: La biografia della famiglia Windsor: la regina Elisabetta II e il principe Filippo, Harry e Meghan e altri
2. I 46 presidenti americani: Le loro storie, imprese e lasciti: da George Washington a Joe Biden
3. I 46 presidenti americani: Le loro storie, imprese e lasciti - Edizione estesa

La serie di libri Mitologia accattivante.

Benvenuti nella serie di libri Mitologia accattivante. Scopri gli dèi e le dee dell'Egitto e della Grecia, le divinità nordiche e altre creature mitologiche.

Chi sono questi antichi dèi e dee? Cosa sappiamo di loro? Chi erano veramente? Perché la gente li adorava nell'antichità e da dove venivano?

Questi libri presentano nuove prospettive sugli antichi dèi che ispireranno i lettori a considerare il loro posto nella società e a conoscere la storia.

Questi libri di mitologia prendono in considerazione anche fattori influenti come la religione, la letteratura e l'arte in un formato accattivante con foto e illustrazioni suggestive.

Titoli disponibili:

1. Antico Egitto: Una guida alle divinità egizie misteriose: Amon-Ra, Osiride, Anubi, Horus e altre
2. Antica Grecia: Una guida agli dèi, dee, divinità, titani ed eroi greci classici: Zeus, Poseidone, Apollo e altri
3. Antichi racconti norreni: Scopri gli dèi, le dee e i giganti dei vichinghi: Odino, Loki, Thor, Freia e altri

La serie di libri Teoria Semplice.

Benvenuti alla serie di libri Teoria Semplice. Scopri la filosofia, le idee dei filosofi antichi e altre teorie interessanti. Questi libri presentano le biografie e le idee dei filosofi più noti di luoghi chiave come l'antica Grecia e la Cina.

La filosofia è una materia complessa e molte persone fanno fatica a capirne anche solo le basi. Questi libri sono progettati per aiutarti ad imparare di più sulla filosofia e sono unici grazie al loro approccio semplice. Capire a fondo la filosofia non è mai stato così facile o divertente come in questo caso. Inoltre, ogni volume include anche delle domande in modo che tu possa scavare più a fondo nei tuoi pensieri e nelle tue opinioni!

Titoli disponibili:

1. Filosofia greca: Le vite e le idee dei filosofi dell'antica Grecia: Socrate, Platone, Pitagora e altri
2. Etica e morale: Filosofia morale, bioetica, sfide mediche e filosofi correlati

La serie di libri Empowerment dei giovani imprenditori

Benvenuti alla serie di libri dedicati all'Empowerment dei Giovani Imprenditori. Non è mai troppo presto per i giovani ambiziosi per iniziare a far carriera! Che tu sia un giovane dalla mentalità imprenditoriale che sta cercando di costruire il proprio impero, o un aspirante imprenditore che sta iniziando a risalire la strada lunga e tortuosa, questi libri ti ispireranno con le storie di imprenditori di successo.

Scopri le loro vite, i loro fallimenti e successi che ti faranno venire voglia di prendere il controllo della tua vita invece di viverla passivamente!

Titoli disponibili:

1. 21 Imprenditori di successo: Le vite di importanti personaggi influenti del 20° secolo: Elon Musk, Steve Jobs e altri
2. 21 Imprenditori rivoluzionari: Le vite di incredibili uomini d'affari del 19° secolo: Henry Ford, Thomas Edison e altri

La serie di libri Storia facile.

Benvenuto nella serie di libri Storia facile. Esplora vari soggetti storici dall'età della pietra ai tempi moderni, più le idee e le persone influenti che hanno vissuto nel corso dei secoli.

Questi libri sono un ottimo modo per farvi appassionare alla storia. Le persone sono spesso scoraggiate da libri di testo pesanti e noiosi, ma amano le storie delle persone comuni che hanno fatto la differenza nel mondo. Questi volumi ti daranno l'opportunità di scoprire le loro storie imparando importanti informazioni storiche.

Titoli disponibili:

1. La prima guerra mondiale: La prima guerra mondiale, le sue grandi battaglie, le persone e le forze coinvolte

2. La Seconda Guerra Mondiale: La storia della seconda guerra mondiale, Hitler, Mussolini, Churchill e altri protagonisti coinvolti
3. L'Olocausto: I nazisti, l'ascesa dell'antisemitismo, la Notte dei cristalli e i campi di concentramento di Auschwitz e Bergen-Belsen
4. La rivoluzione francese: L'Ancien régime, Napoleone Bonaparte e le guerre rivoluzionarie francesi, napoleoniche e della Vandea

Conclusione

Speriamo che ti sia piaciuto leggere le storie motivazionali di questi 21 uomini neri del 20° secolo. Da Martin Luther King a Jackie Robinson, questi individui sono un'ispirazione e speriamo che tu abbia imparato qualcosa di nuovo!

Hai letto di come queste icone hanno superato le avversità attraverso l'educazione e il duro lavoro, lasciando il segno lungo la strada. Qualcuno di questi leader neri ti ha ispirato?

Le 21 storie affascinanti in questo libro non riguardano solo i risultati raggiunti da questi uomini, ma anche le loro vite. Molti hanno affrontato le difficoltà sulla loro strada per poter raggiungere ciò che volevano e ripagare la società. Hanno dovuto combattere delle battaglie difficili, ma ne è valsa la pena quando si guarda i successi che hanno avuto!

Speriamo che tu abbia imparato molto da questo libro. Rileggilo qualche volta!

Hai letto questa lettura educativa? Cosa ne pensi? Faccelo sapere con una bella recensione del libro!

Ci piacerebbe molto, quindi assicurati di scriverne una!

www.ingramcontent.com/pod-product-compliance
Ingram Content Group UK Ltd.
Pitfield, Milton Keynes, MK11 3LW, UK
UKHW022014190726
13853UKWH00005B/1918